le zen et l'art de tomber amoureux

Je dédie ce livre
À la beauté et l'éclat
De trois précieux enfants
Qui savent naturellement
Et mènent continuellement une vie d'amour,
Zoe, Remy et
Jacob Benjamin

sommaire

introduction

On ne s'interroge jamais sur le sens de la vie
Quand on est amoureux.

BHAGWAN SHREE RAJNEESH

NOUS SOMMES FAITS POUR MENER UNE VIE remplie d'amour. Quand on n'est pas amoureux, quelque chose ne va pas. Malheureusement, la plupart d'entre nous finissent par se résigner aux déceptions, aux peines de cœur et aux bouleversements dans leurs relations. Même s'ils réussissent dans d'autres aspects de leur vie, ils ne pensent pas avoir naturellement droit au bonheur en amour. On considère qu'il est naturel de « se montrer réaliste sur le plan des relations amoureuses » à mesure que l'on « grandit » et que l'on renonce à l'imaginaire, aux bêtises et aux rêveries de l'enfance. Mais rien ne saurait être plus éloigné du naturel.

Les fantasmes, les bêtises et les attentes confuses que nous développons en vieillissant sont précisément ce qui nous met dans un état de paralysie. Nous ne nous rendons pas compte que, si nous ne sommes pas amoureux, il nous manque quelque chose.

Tomber amoureux est l'acte le plus mûr et le plus réaliste que vous puissiez accomplir. L'amour stimule votre vie, vous remplit d'énergie positive, génère la générosité et embellit chaque instant. Être amoureux dissipe immédiatement le sentiment qui saisit nombre d'entre nous de mener une existence vide de sens et déconnectée du monde. Le corps guérit, le cœur est heureux.

Être amoureux est notre état naturel. La question que nous devrions nous poser est : pourquoi ne sommes-nous pas *tout le temps* amoureux ? Qu'est-ce qui nous tient éloignés de cet héritage ô combien précieux ? Comment le revendiquer comme notre dû et retrouver la sagesse intrinsèque et la spontanéité que nous possédions étant enfants, quand chaque instant était plein de fraîcheur, d'excitation et de promesses d'aventures ?

Contrairement à l'opinion répandue, le véritable amour ne fait jamais mal ni ne blesse. Seules nos attentes confuses peuvent ébranler notre vie au point d'entraîner des conséquences négatives. Il y a une pensée bouddhiste qui dit : « Renoncez à la nourriture empoisonnée chaque fois qu'elle se présente à vous. » Une fois que nous aurons su faire la distinction entre ce qui empoisonne et ce qui nourrit nos relations, une fois que nous aurons appris les lois de l'amour et comment les mettre en pratique, nous serons en mesure de mener une vie remplie d'amour et de bâtir une relation qui ne pourra pas échouer. Le zen nous montre comment renverser toutes les situations de notre vie.

Il existe deux écoles du zen : le zen Rinzai et le zen Soto. Le zen Rinzai privilégie l'étude des koan, enfonçant les barrières qui bloquent notre force vitale. Le zen Soto met l'accent sur l'application du zen dans la vie de tous les jours. Bien que, dans les deux écoles, l'entraînement ait lieu dans un zendo (endroit où la méditation et d'autres formes de pratique sont enseignées), les fruits de cette pratique apparaissent dans notre vie et nos relations. On trouvera les deux formes, Rinzai et Soto, dans ce livre.

La pratique du zen nous propose une manière totalement différente de considérer l'amour et les relations. Elle nous apprend à nous faire des amis en tenant compte de chaque aspect de soi et des autres, sans rien rejeter ni négliger. On revient à l'essentiel en étant capable de distinguer les besoins réels des faux. Dans le zen, on apprend à s'asseoir, respirer, se concentrer, lâcher prise, marcher en étant attentif à sa marche, cuisiner, faire le ménage, recevoir des coups et se préparer à des rencontres intenses et intimes. À mesure que l'on pratique, les envies irrésistibles, les addictions, les peurs et les compulsions de toutes sortes se dissolvent lentement.

Le zen et l'amour sont incroyablement compatibles. La merveilleuse pratique du zen, si ancienne, équivaut en fait à tomber amoureux. Lorsque vous êtes centré(e) sur ce que la vie vous apporte en l'accueillant avec plaisir, chaque jour devient un bon jour où vous êtes prêt(e) à tomber amoureux(se) de la vie tout entière, à trouver constamment des causes d'émerveillement et de gaieté, des manifestations de bonté et d'amitié.

Ce livre est divisé en trois parties, chacune d'elles proposant de nouveaux matériaux pour vous aider à vous préparer à l'amour et avoir une compréhension plus profonde de l'amour lui-même.

La 1re partie, *Se lancer,* présente les étapes initiales de la pratique du zen. On ne s'y contente pas d'expliquer les spécificités de l'enseignement zen (y compris la méditation), on y montre aussi comment l'appliquer aux relations avec les autres et comment il aide un individu à se connaître plus amplement, à relâcher le contrôle de lui-même et à devenir réceptif à l'amour.

La 2e partie, *Le zen en action*, décrit la manière dont la concentration et le discernement acquis par la méditation se répercutent sur toutes nos actions et notre vie quotidienne. Nous découvrons comment les principes du zen — par exemple, faire le vide en soi, être présent aux autres, franchir de nouvelles étapes et faire face aux chocs — sont des fondements essentiels au développement et à l'entretien des relations amoureuses.

La 3e partie, *L'entraînement avancé*, nous emmène au sommet de la montagne. À mesure que l'entraînement progresse, la personne développe la faculté d'affronter des moments intenses de confrontations, de décisions et de conflits ainsi qu'une faculté d'endurance des périodes difficiles. Elle acquiert une conscience d'elle-même et du monde qui l'entoure entièrement nouvelle, pour être finalement capable de « rencontrer l'être aimé » et de faire l'expérience de l'essence de l'amour.

Dans chaque partie, vous apprendrez de nouveaux moyens de faire face aux habituels points noirs des relations : le manque de communication, le mensonge, la trahison, la jalousie, l'insécurité, l'ennui, le sentiment de nullité, la peine et la déception. Si vous considérez toutes ces questions avec un œil zen, à l'aide de la pratique vous découvrirez de nouvelles perspectives qui changeront votre vie.

Bien que la pratique du zen soit simple, elle n'est pas toujours facile. Il est demandé au lecteur (ou à la lectrice) de suspendre tout jugement et tout doute, de chercher à redevenir un enfant — explorer, jouer, étreindre, pleurer et sentir que le monde est rempli de possibilités illimitées, ce qui est le cas, une fois que vous avez la volonté de le percevoir ainsi. Le zen demande aussi d'avoir la capacité de dire non à tout ce qui peut ôter la confiance et l'amour, qu'il s'agisse de personnes, de croyances, d'habitudes ou de désirs. Tomber amoureux ne signifie pas que l'on doive devenir aveugle ou recourir à l'imagination, mais au contraire que l'on émerge de rêves sombres pour enfin voir la beauté qui nous entoure.

Ce livre ne s'adresse pas seulement à ceux qui souhaitent vivre de véritables relations amoureuses, mais aussi à ceux qui veulent être capables de jouir pleinement de la vie. Il invite à suivre un chemin merveilleux. Cela demande un peu d'endurance, ainsi que la volonté d'affronter les ombres qui se dissiperont dès que nous laisserons entrer la lumière.

première partie

SE LANCER

chapitre premier

ÔTER SES CHAUSSURES

(devenir disponible)

J'aimerais vous proposer quelque chose
Pour vous aider.
Mais dans l'école zen,
Nous n'avons rien à proposer.

IKKYU

NOUS AVONS TOUS BESOIN D'AMOUR. Nous sommes tous à sa recherche, nous voulons tous une relation durable. Mais il semble toujours que les relations soient difficiles — à trouver, à garder et à apprécier. Pourtant, la vérité fondamentale est qu'il n'y a absolument aucun problème inhérent aux relations. Il n'y a jamais pénurie des relations, jamais pénurie d'amour. L'amour est notre état naturel. Pourquoi ne baignons-nous pas en lui tout le temps ? Qu'est-ce qui nous tient éloigné de cet amour dont nous avons une telle faim ?

La réponse habituelle à cette question est qu'il n'y a pas d'hommes ou de femmes valables autour de nous. Quelle que soit la personne que nous rencontrions, il y a quelque chose qui cloche. Quel que soit le type de relation que nous développions, elle finit par se dégrader. Au début, il se peut que l'on croie avoir trouvé l'être parfait. Puis, souvent sans même que l'on s'en rende compte, sans prévenir, le conflit se développe, l'irritation gagne. La joie, le plaisir et l'excitation, le sentiment d'être aimé et apprécié, s'effacent imperceptiblement, et la plupart des gens ne comprennent pas pourquoi.

Lorsque certains connaissent des expériences amères ou décevantes en amour, il arrive qu'ils se ferment et décident de ne plus rien risquer. Ils s'aigrissent et se durcissent, passant à côté de tous ceux ou celles qu'ils rencontrent.

La déception amoureuse est quasiment une routine, une affaire de tous les jours. Un grand nombre de patients vont voir des thérapeutes parce qu'ils ont été déçus en amour. Certains thérapeutes remontent à leur enfance, démêlent leurs déceptions et découvrent comment ils projettent ces sentiments sur les personnes qu'ils rencontrent ensuite. D'autres examinent la façon dont leurs patients parlent de ceux qu'ils rencontrent et d'eux-mêmes. Ils enseignent différentes manières de penser et de parler de l'amour, et à travailler sur « l'estime de soi ». Certaines thérapeutes enseignent de nouvelles techniques interpersonnelles permettant à leurs patients de mieux communiquer, leur montrent comment choisir différemment leurs partenaires et assumer la responsabilité de leurs défauts. Le but ultime de ces méthodes est de leur permettre de rencontrer quelqu'un avec qui ils puissent trouver le bonheur et se fixer. Il n'y a rien de mal dans aucune de ces méthodes.

En fin de compte, si l'on considère le plan psychologique, le fait de ne pas être amoureux ne constitue pas en soi-même le symptôme d'une pathologie importante. Certains patients s'en sortent très bien, et prospèrent sans avoir surmonté leurs déceptions. Peut-être ne connaîtront-ils plus jamais de relations amoureuses très satisfaisantes, mais on peut avoir d'autres types de relations profondes, une vie professionnelle enrichissante, d'autres centres d'intérêt et mener une existence bien remplie.

La vie d'une personne est-elle en jeu si elle n'est pas capable d'aimer vraiment ? Certains n'iraient pas jusque-là, mais la réponse du zen est *oui*.

Selon le zen, sans la capacité de connaître l'amour vrai, le précieux goût de la vie est altéré.

LA LEÇON DU ZENDO : ÔTER SES CHAUSSURES

Le zen n'est pas l'excitation, mais la concentration
Sur notre routine quotidienne.

SHUNRYU SUZUKI, *Zen Mind, Beginner's Mind*

Durant l'entraînement du zen, les élèves reçoivent des instructions variées. Chacune contient l'essence du zen et doit être suivie complètement et soigneusement. Au cœur de cette pratique, on trouve la volonté de tout faire à cent pour cent, de ne rien considérer comme trop grand ou trop petit. Quand on l'applique, on ne tarde pas à se rendre compte que même nos actes les plus infimes reflètent ce que nous sommes et affectent notre vie entière.

Quand un élève arrive pour la première fois au zendo (le centre de formation du zen), il n'a généralement aucune idée de ce qui l'attend. La première chose qui le frappera peut-être en ouvrant la porte, c'est l'odeur âcre de l'encens, le silence profond, le plancher brillant d'une propreté immaculée et l'ouverture et l'espace, chaque chose étant exactement à sa place. La première instruction qu'il recevra après être entré est très simple : « Ôtez vos chaussures. » Il n'aura pas d'autre choix que d'obtempérer, sinon il ne pourra aller plus loin.

Dans la pratique du zen, on est à découvert. Quand nous ôtons nos chaussures, nous entamons un processus d'abandon de nos défenses habituelles et de nos marques de valeur extérieures. Dans le zendo, nous trouvons notre vraie valeur. Pour cela, on doit commencer par s'ouvrir et lâcher ce à quoi on se raccrochait. Ce faisant, on découvre que les choses auxquelles on se cramponnait sont à l'origine des conflits et de la souffrance. En continuant à pratiquer, il devient plus facile d'ôter ses chaussures et de marcher, pieds nus, sur le plancher. Nous apprenons à faire ce qui nous est demandé sans hésitation et, non seulement ça, nous remarquerons peut-être que notre incapacité à agir ainsi dans le passé a contribué à nos expériences de déception et de rejet de l'amour.

La première étape de la pratique du zen consiste à ne rien négliger, pas même ses chaussures. Habituellement, on prête peu d'attention au monde dans lequel on vit, de même qu'à ses chaussures. Nous estimons que tout va de soi. Cela change avec la pratique du zen. À mesure que nous nous exerçons, nous nous rendons compte que tout est important — l'instant le plus bref, et tout ce que nous faisons. Le début de la pratique consiste à ôter ses chaussures avec attention, à les apprécier pour ce qu'elles sont, ce qu'elles nous apportent. Puis on apprend à les disposer de façon qu'elles ne troublent pas l'atmosphère de la pièce. Des chaussures en désordre créent un environnement chaotique, et un environnement chaotique génère des personnes désordonnées, irritables.

Comme le dit un maître du zen :

> Une fois qu'un nouvel arrivant est pieds nus, il entre dans le zendo. Beaucoup de nouveaux marchent d'un pas nonchalant, en flânant ou en regardant autour d'eux. Un étudiant du zen les arrêtera.
>
> « Soyez attentif à la plante de vos pieds. »
>
> Le nouvel arrivant sera peut-être surpris.
>
> « Vos pieds sont précieux, dira l'étudiant du zen. Faites attention à eux lorsque vous marchez. »

Flâner ou se préoccuper de l'impression que vous faites n'est pas nécessaire dans la pratique du zen. Dans le zendo, on doit simplement faire attention à ses pieds.

Nos pieds sont extraordinaires. Ils contiennent un nombre infini de terminaisons nerveuses qui peuvent nous donner des informations incroyables sur le lieu où nous sommes et sur nous-même, notre vie et notre direction. Nos pieds nous sont aussi d'une grande aide pour trouver notre équilibre. Sans équilibre et sans informations précises, comment une relation amoureuse serait-elle possible ? Pourtant, combien d'entre nous prennent le temps de faire attention à leur propre équilibre et à leur sagesse, à la plante de leurs propres pieds ?

Dans un sens, chaque instruction de l'entraînement du zen est une métaphore pour notre vie entière, une instruction que l'on peut suivre avec diligence et pratiquer jour après jour. En faisant simplement attention à chacun de nos pas, en devenant attentif et présent, nous pouvons réussir nos relations.

PLANTER DE NOUVELLES GRAINES

Dans le zen, on parle beaucoup de cause et d'effet. Notre vie, notre karma sont perçus comme une chaîne de graines que nous avons plantées et qui arrivent à maturité. Lorsqu'une graine empoisonnée est plantée, c'est un arbre malade qui pousse. Parfois cette graine a été plantée des années auparavant, si bien qu'on ne s'en souvient pas mais, quand les conditions sont réunies, on est certain d'en voir apparaître le fruit. Si nous cherchons l'amour et n'arrivons pas à le connaître, c'est peut-être l'effet de notre mauvais karma arrivant à maturité. En étant attentif à soi-même, à la façon dont nous traitons le monde et à tous nos actes, grands et petits, nous commençons à « prendre en charge » les graines que nous plantons maintenant. Nous n'aurons pas à errer dans le monde en cherchant l'amour que nous ne trouverons jamais.

ESPRITS AFFAMÉS

Quelqu'un qui ne connaît pas l'amour peut être condamné à vivre comme un « esprit affamé ». Ce sont des êtres qui meurent toujours de faim. Même s'ils se trouvent devant des tables recouvertes de toutes sortes de mets délicieux, quelle que soit la quantité qu'ils avalent, ils ne parviennent pas à être rassasiés. Incapables d'apprécier la nourriture, ils continuent à en chercher davantage.

Les esprits affamés peuvent vivre une relation après l'autre en ignorant comment les digérer. Ils ne savent jamais qui est réellement la personne en face d'eux, ni qui ils sont eux-mêmes. Tout ce qu'ils savent, c'est qu'ils veulent toujours plus. Ils s'imaginent que quelqu'un d'autre, la personne idéale, est sur le point de passer la porte. Certains esprits affamés semblent disponibles pour l'amour, mais en fait, ils ne cherchent qu'à séduire et tourmenter celui ou celle qu'ils trouvent. Dès que cette personne leur demande de l'amour, ils la rejettent. Leur plaisir est de retirer l'amour qu'ils semblaient offrir. Ainsi ils ont le sentiment de contrôler la situation, et que personne ne les contrôlera jamais dans cette étrange expérience de l'amour.

Les esprits affamés, ce sont des gens qui entrent dans des pièces immenses remplies de personnes célibataires et qui déclarent : « Il n'y a personne ici, ce soir. » Ils ne peuvent se satisfaire de ce que la vie leur présente. Pour ce qui est de leurs relations, ils tournent et tournent sur le manège, cherchant à s'emparer de l'anneau d'or, manquant toujours de l'attraper ou bien, s'ils y parviennent, découvrant avec horreur qu'il n'est pas en or, mais en laiton.

Tout cela est épuisant, décourageant, et attriste beaucoup les esprits affamés. Même quand ils sont avec quelqu'un qu'ils aiment, ils sont souvent hantés par l'idée que leur véritable âme sœur est quelque part ailleurs, leur échappant. La pratique du zen peut remédier à la douloureuse détresse qui est devenue leur lot. On leur enseigne à être présent à chaque instant et à ne pas fuir dans tous les sens.

À LA RECHERCHE D'UN RÊVE

Rachel, trente-trois ans, une séduisante célibataire, sortait sans arrêt avec des hommes, à la recherche d'un amour qui la comble. Même si la relation commençait sous les meilleurs auspices, elle finissait par échouer. En dépit de tout le mal qu'elle se donnait pour être charmante et agréable, la plupart des hommes restaient insensibles et devenaient ennuyeux ou bien l'irritaient. Rachel leur trouvait à tous quelque chose qui n'allait pas et décidait bientôt que rien de ce qu'ils faisaient ne pouvait lui plaire ou la satisfaire. Aucun d'eux ne ressemblait à l'image du partenaire idéal qu'elle avait en tête, celui qu'elle recherchait. Elle ne tardait pas à regretter le temps et l'énergie qu'elle dépensait avec eux et à chercher le moyen de couper court à leur relation.

Après l'excitation initiale et tous les espoirs qu'elle avait eus au début de leur liaison, ces déceptions continuelles non seulement l'épuisaient, mais finirent par la déprimer. Il lui arrivait souvent de désespérer de trouver l'amour un jour. Elle avait l'impression de sortir de ces relations plus vide encore que quand elle les avait commencées et se sentait encore plus seule. Alors, elle a fini par se demander s'il n'y avait pas quelque chose qui n'allait pas chez elle.

Rachel ne parvenait pas à connaître vraiment la personne qu'elle rencontrait ni à être tout à fait avec elle. Elle reportait trop de rêves et trop d'attentes sur les hommes. Ceux-ci, le sentant, s'éloignaient. Au lieu de considérer qu'elle était partie prenante de ce processus et de se rendre compte qu'elle courait après un rêve, Rachel les jugeait et les blâmait tous. Rien d'étonnant si ses relations ne pouvaient jamais pleinement la satisfaire. Il lui fallait encore intégrer ce merveilleux enseignement zen :

> Louange et blâme, qu'ils disparaissent
> une bonne fois pour toutes.

Lorsque Rachel commencera à pratiquer le zen, elle se concentrera sur ce qui est devant elle et ne pourra pas se permettre de revenir sur ses fantasmes. Elle apprendra aussi à faire ce qui est nécessaire, et pas forcément à mener une vie où ses souhaits personnels passent avant tout. Rachel sera amenée à se rendre compte que c'est justement cela qui l'empêche de profiter de ses relations, et de voir vraiment avec qui elle est en sachant comment l'honorer et l'accueillir. Lentement, elle abandonnera ses exigences et ses jugements pour, au bout du compte, se libérer.

En apprenant à ôter soigneusement ses chaussures et à porter son attention sur chacun de ses pas, Rachel laissera derrière elle ses défenses et ses restrictions et découvrira que tout ce que nous faisons affecte, non seulement nous-même, mais aussi les autres. Peut-être même se demandera-t-elle ce qu'elle a réellement offert aux hommes avec qui elle est sortie. Bien qu'elle ne s'en rende pas encore compte, elle a écarté un homme après l'autre, les rejetant stupidement. Il y a de nombreuses raisons pour lesquelles l'amour ne s'épanouit pas dans notre vie, et pour commencer, un esprit désordonné et exigeant est la raison n° 1.

OBTENIR CE QUE L'ON VEUT

Tout ce que nous sommes dans la vie, nous l'apportons au zendo. La première fois que l'on y entre, on s'attend peut-être à trouver immédiatement le moyen de satisfaire ses besoins ou à devenir rapidement illuminé, si bien que tout va se mettre à fonctionner parfaitement comme par magie, exactement comme on le souhaite. Rien ne peut être plus éloigné de la vérité.

Nous avons été conditionnés à croire que, si nous obtenons ce que nous voulons, nous réussissons. Nous voulons de l'excitation, du changement, du plaisir, des stimuli, de bons amis, des louanges et des conversations agréables. Nous voulons rentrer chez nous avec le sentiment d'avoir très bien travaillé, et d'avoir gagné le respect et l'appréciation des autres. C'est aussi ce que nous attendons de nos relations.

Avec l'entraînement du zen, nous faisons faire volte-face à nos désirs égoïstes et négatifs. En fait, après avoir ôté nos chaussures, une des premières choses que nous avons à apprendre est de savoir comment ne pas obtenir tout ce que nous voulons.

LA RACINE DE NOTRE SOUFFRANCE

Le zen ne nous enseigne pas comment nous attaquer aux causes de la confusion qui amène quelqu'un à rejeter l'amour, mais plutôt à aller à la racine du mal et à retirer l'arbre malade lui-même. Une fois que la racine est arrachée, la souffrance et la confusion ne peuvent plus apparaître. Il y a de la place pour un nouvel arbre, porteur de fruits abondants et délicieux. Issues d'une racine saine, les personnes qui entament une « bonne relation » constateront qu'elle ne s'effiloche pas après un certain laps de temps. Elles n'auront pas besoin de courir chez un thérapeute afin de savoir pourquoi l'amour s'est évanoui, ou bien ce qui ne va pas chez les autres ou chez elles-mêmes. Finalement, elles se rendront compte qu'il n'y a rien qui cloche, ni chez elles, ni chez quiconque et, d'un seul coup, il n'y aura plus de problèmes.

Jusqu'à ce que nous en ayons pris conscience, nous sommes condamnés à chercher ce dont nous croyons avoir besoin à l'extérieur de nous-mêmes. Toute notre quête de bien-être, de valeurs et de sens est axée sur le monde extérieur parce que nous croyons que c'est là que le bonheur se trouve. Nous voulons en saisir un gros morceau et nous y agripper fermement.

Mais si le monde extérieur change constamment, comment pouvoir s'y accrocher ? Lorsque nous l'avons sous les yeux, nous nous rendons compte qu'il n'est jamais comme nous l'avions imaginé, ni aussi beau ni aussi laid. Le monde extérieur va, vient et change. C'est sa nature même. Chercher la satisfaction et la stabilité dans un monde de changements ne peut entraîner que déceptions et chagrins.

Parfois, la recherche de quelqu'un à aimer « à l'extérieur » permet de faire une rencontre excitante, mais à la fois la personne et les sentiments que nous avons pour elle changent, c'est inévitable. Nous interprétons cela comme un échec, mais l'échec n'existe pas dans l'amour véritable.

Dès que Rachel se mettra à pratiquer, elle entamera le processus qui consiste à rassembler ses énergies dispersées et découvrira comment s'extraire des pièges et tomber réellement amoureuse. Quand elle commencera à ôter ses chaussures en conscience, à contrôler le désordre de son esprit, à écouter ce qu'on lui demande et à respecter les besoins et les désirs des autres, elle assumera peu à peu la responsabilité des effets de ses propres actes sur les autres. Elle ne tardera pas à se rendre compte de quelles manières elle invite ou repousse l'amour. Ainsi, Rachel plantera de nouvelles graines qui donneront inévitablement de nouvelles fleurs. Il faut de nombreuses années pour comprendre à la fois l'amour et la pratique du zen, et devenir un élève débutant. Ce processus demande de la patience. Mais sans patience, nous n'avons rien. Développer la patience est au cœur de notre faculté d'aimer.

Lorsque nous jugeons rapidement une personne et l'écartons parce qu'elle ne correspond pas à l'idée préconçue que nous en avons, nous court-circuitons notre propre capacité à trouver l'amour. Si nous avons la patience de lui laisser le temps de se révéler, nous aurons de nombreuses surprises et élargirons ainsi le cercle des personnes qui pénètrent dans notre vie.

De même, quand nous vivons une relation qui avait merveilleusement commencé et traverse une période difficile, nous devons nous rendre compte que c'est le cours naturel que suivent de nombreuses relations et que cela ne signifie pas nécessairement qu'il est temps de partir. En développant la patience d'attendre que les eaux agitées se calment, vous pouvez voir clairement ce qui se passe.

DÉVELOPPER LA PATIENCE

L'amour sans patience est comme une soupe sans liquide — impossible à avaler. On peut même dire que la patience est l'amour lui-même. Dans le monde frénétique et exigeant où vit Rachel, la patience est devenue une ombre du passé. Elle n'a jamais laissé le temps à l'amour de se développer. Dès qu'elle était contrariée, elle fuyait loin de l'objet de la relation, ne pouvant supporter son propre vide ni celui qu'elle percevait chez l'autre.

Mais la patience est absolument nécessaire pour aider l'amour à s'épanouir. Il faut du temps pour qu'une personne se sente à l'aise dans une relation et pour qu'elle révèle qui elle est. Il faut de la patience pour attendre quelqu'un et développer la confiance et une affection authentique.

Malheureusement, les esprits affamés ont des difficultés avec la patience. Avides de nourriture et d'amour, ils peuvent sauter sur n'importe quoi, juste pour se satisfaire. Certains ne font même pas la différence entre nourriture et ordures, du moment qu'ils ont la sensation immédiate d'être remplis. Toute leur vie est dirigée par cette sensation de creux. À travers le zen, Rachel va apprendre à attendre et à faire la distinction entre la nourriture vide et la nourriture réelle. Personne ne lui dira comment le faire. On ne lui proposera pas de solutions toutes faites et elle sera directement aux prises avec les expériences de sa vie, les goûtera, les digérera et découvrira toute leur signification.

La pratique du zen est basée sur la contradiction et le paradoxe. À mesure que les élèves endurent les privations et d'autres épreuves, la chaleur, la clarté et la flexibilité s'élèvent. Ils finissent par comprendre que, sans la volonté d'endurer et de pratiquer, rien ne peut réellement se passer. La vie et l'amour se manifestent en une seconde ; pourtant, il faut être préparé à les recevoir.

les étapes de l'amour : développer la concentration

Ces exercices peuvent être pratiqués tous les jours, toutes les heures, tous les mois ou à l'année. Cela dépend de vous. N'en faites pas une nouvelle cause de tension. Voyez-les comme quelque chose qui insuffle la vie et dont vous pouvez profiter.

1. ÔTEZ VOS CHAUSSURES

Ôtez vos chaussures, en conscience, avec une réelle attention. Rangez-les soigneusement à leur place. Soyez conscient(e) de vous-même en faisant cela, ainsi que de vos chaussures. Jour après jour, construisez une relation avec elles. Accordez-leur de la valeur et prenez-en soin. Quelle sensation vos pieds éprouvent-ils en les remettant le lendemain matin ? Cette pratique de l'attention consciente vous aidera à entamer le processus d'ouverture.

2. PRENEZ LE TEMPS DE REMARQUER

Prenez le temps de remarquer ce qui nécessite de l'attention. Est-ce une plante assoiffée dans votre appartement ? Vos factures sont-elles payées ? Reste-t-il des lettres sans réponse, des gens qui attendent qu'on les rappelle ? À ce stade, contentez-vous d'en prendre note, ainsi que de votre volonté — ou manque de volonté — de faire ce qui est nécessaire.

3. EXAMINEZ VOS RELATIONS PASSÉES

Jetez un coup d'œil sur vos relations passées. Ne vous reprochez pas ce qui est arrivé et ne le reprochez à personne d'autre. Examinez calmement les personnes, les lieux et les événements. Écrivez ce que vous en avez retenu et laissez les choses être ce qu'elles étaient. Durant les jours qui suivent, voyez si ce que vous avez vécu dans le passé resurgit dans le présent. N'en tirez pas de conclusions. Contentez-vous de le remarquer comme vous remarqueriez un arc-en-ciel.

Ce processus qui consiste à observer, noter et porter son attention sur quelque chose est très puissant. Il est au cœur du zen. Nous passons tellement de temps, chaque jour, dans l'épais brouillard de la distraction, des fantasmes et du ressentiment que l'on peut éprouver un choc en constatant les effets de notre attention bienveillante qui laisse pénétrer les clairs rayons du soleil.

4. CELUI QUI EST À CÔTÉ DE VOUS MAINTENANT

Regardez la personne qui se trouve près de vous à cet instant — qui que ce soit. Remarquez la façon dont vous la repoussez et cessez de le faire pendant quelque temps. Soyez conscient(e) de ce qu'elle offre et de ce qu'elle n'offre pas. Faites en sorte que vous soyez ensemble. Soyez pleinement dans cet instant pendant quelques minutes et appréciez-le tel qu'il est.

Faites la même chose demain avec quelqu'un d'autre. Il nous arrive trop souvent de mésestimer les personnes qui nous entourent parce que nous attendons qu'apparaisse « la bonne personne ».

> Parfois, nous avons le pouvoir de dire oui à la vie.
> Alors, la paix entre en nous et fait de nous un tout.
>
> RALPH WALDO EMERSON

chapitre 2

S'ASSEOIR SUR LE COUSSIN

(à la rencontre de soi-même)

Ne regardez pas les fautes des autres,
Regardez vos propres actes, qu'ils soient accomplis ou non.
BOUDDHA

LA PLUPART D'ENTRE NOUS ASPIRENT À RENCONTRER le « parfait compagnon » (ou la « parfaite compagne ») et commencent leur quête en étant assurés qu'il est là dehors, quelque part, en train de les attendre. Au début, nous ne reculons devant rien pour le trouver. Nous le cherchons avec ferveur, élaborant des listes des qualités qu'il doit avoir et imaginant ce que sera la vie à ses côtés. Nous croyons fermement que, lorsque nous aurons trouvé la bonne personne, le bonheur sera à portée de main.

Pourtant, très souvent, peu après notre rencontre avec quelqu'un qui semble correspondre à nos exigences et une fois que la relation a commencé, à notre grande consternation, cette personne devient quelqu'un d'autre de familier, souvent la réplique de nos relations passées. Lorsque cette situation a tendance à se reproduire, on devient instable émotionnellement et on a tendance à douter de son propre jugement.

Même si l'on n'en a pas conscience, ce doute est bénéfique. C'est le début d'une nouvelle manière de percevoir les choses. Notre jugement habituel *doit* être mis en doute. Que cela nous plaise ou non, nous sommes nés et vivons sous l'emprise de rêves et d'illusions.

Beaucoup d'entre nous refusent de voir la personne devant elle (y compris elles-mêmes) pour ce qu'elle est réellement. Au lieu de cela, on cherche l'excitation, le glamour et le faux confort produits par nos fantasmes, espérant que cette nouvelle personne sera celle que nous avons toujours cherchée, qui nous apportera l'amour inconditionnel que nous désespérons tant de recevoir. Bien que cela ne se soit jamais produit dans le passé (ou alors, seulement pour une courte période), nous espérons que, *cette fois*, ce sera différent.

LE MYTHE DE SISYPHE

Dans ce mythe grec, Sisyphe était condamné à faire rouler un rocher très lourd jusqu'au sommet d'une montagne. Dès qu'il avait atteint le sommet, le rocher roulait jusqu'en bas. Sisyphe devait alors effectuer le même effort pour le faire rouler de nouveau jusqu'en haut. Sa vie entière se résumait ainsi, à cet acte mécanique, répétitif, vide de sens ou de la gratification que l'on reçoit habituellement quand on accomplit une tâche. C'est ce que de nombreux individus finissent par éprouver au sujet de leurs relations et de la possibilité de trouver l'amour. Quels que soient les efforts qu'ils fournissent en poussant le rocher (pour trouver la bonne personne), celui-ci roule de nouveau jusqu'en bas.

Du point de vue du zen, il suffit d'arrêter de faire rouler le rocher jusqu'au sommet de la montagne. Nous devons rompre notre attachement aux schémas mécaniques et à la notion erronée selon laquelle l'amour que nous désirons si fort vient de quelque part ailleurs. Lorsque l'on dépend du monde extérieur pour s'accomplir, tôt ou tard le rocher que l'on a poussé en haut de la montagne retombera. Les conditions changent, les gens partent, notre conscience d'être vacille avec les changements forgés par le temps. À mesure que nous pratiquons le zen, notre faculté d'aimer et d'être aimé se développe sur une autre base.

LA LEÇON DU ZENDO : S'ASSEOIR

Afin de rompre avec notre comportement habituel, nous avons pour instruction de « nous asseoir et de cesser de bouger ». C'est la base de la méditation zen. On s'assoit sur le coussin, la colonne vertébrale droite, les yeux baissés, les mains dans une position particulière et l'on porte son attention uniquement sur sa respiration. Lorsque la session assise commence et que la cloche s'est tue, on ne doit pas bouger, quoi que l'on ressente, jusqu'à ce que la session soit terminée et que la cloche sonne de nouveau. De cette manière, on est forcé d'arrêter de réagir aveuglément et l'on apprend à observer tout ce qui survient, à la fois à l'intérieur et à l'extérieur.

Lorsqu'un nouvel arrivant se présente au zendo, après avoir ôté ses chaussures et laissé derrière lui (ou elle) le reste de ses affaires, il entre dans la salle de méditation et s'assoit. Il marche lentement et avec précaution, ne s'accrochant à rien qui puisse lui fournir réconfort ou soutien.

Avant de pouvoir seulement approcher le coussin et entamer la grande activité de la méditation assise, nous devons nous défaire de notre désordre habituel et des supports auxquels nous nous accrochons à longueur de journée. Nous rejetons l'idée selon laquelle plus on a, mieux c'est ; ou encore, plus nous en savons, plus nous sommes intelligent, occupé et frénétique, plus nous accomplissons de choses. Dans le zendo, on dépose son ballot.

Ce processus de « déchargement », qui peut sembler décourageant, est plus facile qu'il n'en a l'air. Au lieu de ruminer sans cesse et de spéculer, nous posons nos paquets. Nous suspendons notre manteau et rangeons soigneusement ce que nous portions dans l'espace réservé à cet effet. On ne nous demande rien de plus. Comme le disait un grand maître du zen : « Le zen consiste simplement à ramasser votre manteau qui traînait sur le sol et à le ranger à sa place. »

Le zen est extrêmement simple et c'est là que réside son pouvoir. Tout le monde a la capacité de le pratiquer ; rien de particulier n'est exigé, si ce n'est d'avoir la volonté d'être qui vous êtes.

Lorsque le nouvel arrivant marchera dans le zendo, un élève plus ancien criera probablement : « Le regard sur le sol ! »

Bien que le nouveau — ou la nouvelle — éprouve sans doute des difficultés à résister au désir de vérifier qui se trouve là, il doit garder les yeux baissés. Néanmoins, il peut continuer à se demander ce que les autres font là. Pourquoi sont-ils venus ? Sont-ils désespérés comme lui ? Ou sont-ils tous timbrés ? Y a-t-il quelqu'un qui lui plairait ? Cette approche éparpillée et distraite correspond exactement à l'attitude de ceux qui sont à la recherche d'une relation.

L'ESPRIT DU SINGE SAUVAGE

La pratique du *zazen* (méditation zen) met fin à cette activité débridée et calme votre esprit du « singe sauvage ». Celui-ci adore nous accompagner où que nous allions. C'est un concert interminable de commentaires internes qui gâche toutes nos rencontres et nous empêche d'être réellement *avec* ce qui se présente. Il accompagne indéfiniment notre vie et nous l'emmenons avec nous quelle que soit la personne ou la relation que nous rencontrons. Après ça, on se demande pourquoi on a du mal à tomber amoureux…

Lorsque nous pénétrons dans un espace comme le zendo qui est simple, silencieux et ouvert, cet esprit du singe sauvage peut sembler plus bruyant et plus féroce. Ce n'est pourtant pas le cas. Mais une fois les distractions écartées, nous pouvons entendre et comprendre ce qui s'est passé. Les portes de la conscience s'ouvrent un peu. Nous risquons d'être très surpris de ce que nous allons trouver.

Quand Henry est venu au zendo pour la première fois, il a dit : « J'étais si étonné de la violence de mes commentaires basés sur l'esprit de compétition à propos de tout, que j'ai failli tomber de mon siège. J'étais effrayé, abasourdi. Qui est cette personne qui vit à l'intérieur de moi ? me suis-je demandé. D'où vient-elle ? Depuis combien de temps vit-elle ma vie ? »

Henry n'avait jamais compris pourquoi il ne parvenait pas à évoluer dans sa vie amoureuse. Assis sur son coussin, il a commencé à se rendre compte que, avec une telle rage au fond de lui, il ne pouvait se fier à personne et on ne pouvait pas se fier à lui. Comment aurait-il pu connaître les étapes à entreprendre ?

En étant « simplement assis », Henry a réussi à se calmer peu à peu et à être suffisamment conscient pour s'extraire de ses turbulences et être disposé à « simplement être » avec quelqu'un d'autre. Finalement, il a été prêt pour une relation qui, cette fois, a pris une forme totalement nouvelle.

FAITES-LE QUAND MÊME

Pendant les instructions initiales, on dira à un nouvel élève de fixer son attention dans le ventre (*hara*), c'est-à-dire l'espace situé au-dessous du nombril. Une fois qu'il se trouvera dans la position correcte, on lui demandera de compter simplement ses respirations de 1 à 10. Quand il arrivera à 10, il recommencera le même processus en partant de 1. Ni plus, ni moins.

Bien que cet exercice paraisse simple, beaucoup n'en comprennent pas l'utilité.

« Faites-le quand même », vous dira votre professeur.

La plupart d'entre nous aiment comprendre le pourquoi de chaque action qu'ils entreprennent ainsi que son issue probable. Il en va de même dans nos relations : nous voulons savoir exactement ce qui se prépare avant d'être prêt à passer à l'acte.

Dans le zendo, on agit d'abord et on comprend plus tard. Nos actes nous enseignent tout ce que nous avons besoin de savoir. Les questions n'ont rien à faire là-dedans ; elles ne servent souvent qu'à nous distraire de notre travail. Le Bouddha a dit que nous avions tous reçu des flèches empoisonnées. Au lieu de s'asseoir pour chercher à comprendre sous quel angle la flèche est entrée ou de quoi est fait le poison, il nous faut rapidement la retirer. Le temps est d'une importance primordiale. Nous ne pouvons pas attendre.

« Plus vous poserez de questions, plus vous vous éloignerez », dit le professeur aux nouveaux venus. « Restez simplement assis, avec courage. »

Être simplement assis est une instruction très profonde, qui demande plusieurs années avant d'être accomplie. Au début, pratiquement personne n'y parvient. Presque personne ne peut vraiment accepter de recevoir une instruction, se calmer, être avec lui-même, ne rien attendre, juste vouloir être complètement là. La recherche fervente de l'amour et l'acceptation des relations consistent souvent à éviter tout cela.

Il semble qu'il y ait tant de fantômes dans nos placards que nous les avons repoussés sous le tapis, refusant d'être face à nous-même. Lorsqu'on est assis sur le coussin en faisant simplement attention à sa respiration, ces fantômes (ainsi que beaucoup d'autres choses) se mettent à émerger d'eux-mêmes. Nous ouvrons la porte de notre placard et laissons la lumière y entrer. Nous n'expliquons pas, n'analysons pas, ne cherchons pas de solution, nous faisons simplement connaissance avec nos espoirs, nos peurs, nos pensées errantes. À mesure que nous méditons, toute l'énergie dépensée à nous cacher de nous-même se libère pour que nous vivions notre vie. Toutes les peurs secrètes, les doutes et les haines que nous avons pu accumuler bouillonnent puis s'évanouissent, remplacés par la compassion que l'on génère inévitablement en s'asseyant et en respirant. C'est une issue inattendue, que la plupart des gens sont incapables d'expliquer.

LA ROUE DU KARMA

Dans le zen, on parle de « roue du karma », qui implique que l'on peut recommencer les mêmes relations, avoir les mêmes pensées, entreprendre les mêmes actions, avec au bout du compte les mêmes conséquences, de vie en vie (tout en n'en étant pas conscient). En fait, ces relations avec lesquelles nous sommes en lutte actuellement, nous nous battons contre elles indéfiniment et essayons de les faire fonctionner une fois de plus.

Nancy, vingt-huit ans, une belle jeune femme exerçant une profession libérale, a exactement tout ce qu'elle veut, excepté une vie amoureuse satisfaisante. Elle est prête à rencontrer quelqu'un de spécial — elle est sûre qu'il existe — et sort souvent avec des hommes, jusqu'à trois fois par semaine. Elle n'a pas de problèmes pour se faire de nouvelles relations, et au début tout se passe toujours très bien. Mais au bout de quelques mois (ou de quelques semaines), la situation tourne à l'aigre. Les hommes qu'elle rencontre, qui étaient chaleureux et tendres, finissent par devenir distants et froids. Ils se mettent à la critiquer, comme sa mère. Et Nancy se sent de nouveau rejetée.

Un psychologue pourrait dire qu'elle est sous l'emprise d'« actes compulsifs répétés », qu'elle a besoin de recommencer certains schémas et expériences douloureuses dans l'espoir que *cette fois*, tout se passera bien, ce qui n'arrive jamais. Sa quête du parfait partenaire équivaut à remplacer sa mère, l'objet de son amour originel, qui était froide et distante et a insufflé chez Nancy le sentiment qu'elle ne méritait pas d'amour. À présent, elle recherche frénétiquement quelqu'un qui l'aime et qui lui prouve qu'elle en vaut la peine.

Mais si, à cause de besoins liés à l'enfance, nous donnons aux autres le pouvoir de décider de notre valeur, nous tombons facilement sous la coupe de relations génératrices d'une dépendance. Ces relations régressives sont perturbatrices et frustrantes, car elles sont basées sur le désir de « réparer le passé », et non sur notre réalité actuelle et ce qui est vraiment valable pour nous. En apprenant à s'asseoir, sans bouger ni réagir, Nancy a l'opportunité d'arrêter l'esprit du singe qui régit sa vie et de reprendre son pouvoir pour elle-même.

Carl, un jeune homme avec qui Nancy a eu une relation, a souffert de la même situation. Quand ils ont commencé à se fréquenter, il la trouvait très belle et pensait qu'elle avait tout ce qu'il recherchait. Mais au fil du temps, il a changé d'avis. Elle lui semblait moins séduisante, un peu froide, et il est devenu plus froid en retour.

Il est facile de comprendre pourquoi Nancy et Carl se sont attirés mutuellement. Tous les deux étaient engagés dans la même danse et leurs schémas karmiques assortis leur ont fait croire qu'ils étaient amoureux. En réalité, ils se trouvaient à l'opposé de l'amour.

Ce n'était que la souffrance du *samsara*, l'engrenage de schémas se répétant indéfiniment dans notre vie quotidienne. À moins que « l'illumination » ne survienne, à moins de réaliser ce qui se passe, de développer la conscience et d'apprendre à « lâcher prise », nos schémas, notre karma, dictent notre vie.

BRISER NOS SCHÉMAS KARMIQUES

Lorsqu'un individu s'engage dans la pratique du zen, son karma commence immédiatement à changer. Quand Nancy est devenue une étudiante du zen, elle s'est assise tranquillement, le dos droit, les jambes croisées et a placé ses mains dans la position correcte (ce que l'on appelle un *mudra*). Même sur un plan neurologique, elle a alors créé avec son corps un circuit de force, d'équilibre et de clarté. En gardant le dos droit, sans bouger, elle a fait diminuer ses pensées et ses sentiments désordonnés. Elle a dit non à l'esprit du singe, refusant de subir sa dictature sauvage.

Puis, quand Nancy a continué ses sessions assises, ses questions ont d'abord augmenté. Mais peu à peu, elle a cessé de résister à la pratique et a commencé à faire réellement connaissance avec elle-même. Du coup, son besoin de réponses et d'approbations venant de l'extérieur a diminué, de même que la tentation insidieuse de rechercher les relations dans lesquelles elle se retrouvait piégée.

À mesure que Nancy faisait cette pratique régulièrement, son sentiment de fatalité a disparu. Lentement, elle a pris conscience qu'elle n'était pas sous l'emprise de ces schémas répétés. En les rencontrant directement, leur pouvoir sur elle diminuait. Quand elle s'asseyait, centrée et consciente, elle commençait à percevoir qu'elle n'avait pas tellement besoin d'une validation extérieure. Elle pouvait avoir de la compassion pour elle-même.

Dans sa relation suivante, lorsque le même schéma a commencé à se répéter, au lieu de se sentir victime de son sort et de s'éloigner, Nancy est restée calme et a observé ce qui se passait. Lorsque l'homme est devenu distant et froid, au lieu de le prendre pour elle, elle a reconnu cette attitude pour ce qu'elle était : un vieux schéma qui se répétait, et non l'indication de sa propre valeur réelle. Comme elle devenait moins réactive, le comportement de l'homme a changé également. Tous les deux se sont comportés différemment l'un envers l'autre. Nancy a pu ainsi décider si c'était le genre d'homme qu'il lui fallait. De nouveaux choix ont commencé à se présenter. À partir d'une simple méditation assise, de nouveaux mondes s'ouvraient.

En étant « simplement assis », on se lie d'amitié avec soi-même, en étant désireux de se trouver avec son être tout entier. Nous voulons affronter ce qui se présente et non pas nous enfuir. Peu à peu, lors de ce processus mystérieux, notre peur de la vie et de notre propre être diminue. On n'est plus aussi pressuré par des compulsions internes en étant forcé de supporter le poids d'interminables schémas karmiques. Inutile de préciser qu'en faisant connaissance avec soi-même, on fait aussi connaissance avec le monde entier. Nous n'avons pas à courir d'une personne à l'autre, ou d'une situation à une autre pour savoir qui est là ou ce qui se passe. Plus nous nous asseyons tranquillement et nous relions à nous-même, plus le monde entier se déploie sous nos yeux.

OUVRIR NOTRE PROPRE TRÉSOR

Daiju rendit visite au maître Baso, en Chine. Baso l'interrogea :

« Que cherchez-vous ?

— L'illumination, répondit Daiju.

— Vous avez votre propre trésor. Pourquoi le chercher à l'extérieur ?

— Où est mon trésor ? demanda Daiju.

— Ce que vous demandez est votre trésor », dit Baso.

Et Daiju fut illuminé. Ensuite, il conseilla constamment à ses amis :

« Ouvrez votre propre trésor et usez-en. »

Lorsque nous sommes assis, nous découvrons notre propre trésor. Plutôt que d'agir ainsi, la plupart d'entre nous s'efforcent de trouver les trésors d'une autre personne. Nous calculons ce qu'ils représentent pour nous. Lorsque nous abordons une relation de cette manière, nous sommes comme des mendiants qui considèrent l'autre comme une source de ravitaillement. Si l'on entame une relation avec notre trésor déjà ouvert, il n'y a pas de limites aux merveilles que l'on peut trouver, à la fois en nous-même et entre nous-même et l'autre.

SE CACHER DANS DES RÔLES ET DES JEUX

Un autre comportement répétitif auquel beaucoup d'entre nous se livrent consiste à tenir des rôles et jouer à des jeux familiers. On choisit un personnage — la femme sexy, le donateur, l'enfant, la « locomotive » bourrée d'énergie, l'ange, le galopin — susceptible de séduire l'amant(e) que l'on veut. Ces rôles nous aident à masquer la réalité. Nous nous efforçons de continuer à faire fonctionner ces rôles, et lorsque nous dérapons et nous montrons tel(le) que nous sommes, souvent l'amour s'évanouit rapidement.

Parfois, on oublie que l'on joue un rôle, ou l'on tombe amoureux de son fantasme en commençant à croire qu'il correspond vraiment à ce que l'on est. Plus couramment encore, on tombe amoureux de quelqu'un qui joue aussi un rôle. La réalité peut nous apparaître comme un choc lorsque la façade s'effondre et que l'on se trouve devant quelqu'un de tout à fait différent.

Nous jouons des personnages pour cacher les parties de nous-même que nous ne pouvons pas reconnaître. L'ironie de la chose, c'est que ces faux ego correspondent souvent à ce qui nous permet de nous sentir en sécurité dans notre solitude.

Prétendre être fort, stoïque, généreux et toujours disponible peut nous donner une impression de sécurité temporaire. Ce n'est pas mauvais en soi, mais cela n'apaise pas l'agitation intérieure. Tôt ou tard, celle-ci émerge.

Dans le monde quotidien, rester assis sans bouger, ne pas courir, faire simplement connaissance avec soi-même peut être considéré comme insensé, dangereux, voire comme un vice. Vu sous l'angle de la pratique du zen, c'est de la plus haute importance, une activité fondamentale qui est nécessaire avant que l'on puisse se lancer dans sa vie. Si l'on ne prend pas le temps de la pratiquer, nos autres activités deviennent facilement confuses, embrouillées et frénétiques lorsque nous cherchons dans le monde extérieur ce qui existe en nous-même.

Bien qu'il puisse paraître simple de s'asseoir, c'est un acte profond qui détient d'énormes effets. Quand on commence à s'asseoir réellement, on devient apaisé et l'on peut, pour la première fois, se rencontrer et s'apprécier soi-même. Si l'on ne va pas à la rencontre de soi-même, il est impossible de vraiment rencontrer les autres. L'étudiant du zen ne tarde pas à se rendre compte que ce dont il a besoin ne se trouve pas à l'extérieur de lui-même. Il ne s'agit pas là de rejeter les autres ni de répudier nos relations, mais d'avancer dans la préparation d'une vie d'amour.

> L'entrée se trouve exactement où vous êtes.
>
> PROVERBE ZEN

les étapes de l'amour : être conscient des schémas répétitifs

1. S'ASSEOIR

Arrêtez ce que vous êtes en train de faire, mettez les objets de côté, créez un espace vide sur le sol, posez-y un coussin et asseyez-vous. Redressez le dos, croisez les jambes et suivez votre respiration en comptant jusqu'à 10. Si vous pouvez vous exercer ainsi pendant cinq minutes, faites-le. Si vous pouvez vous exercer plus longtemps, continuez. Restez assis(e) sans rien attendre ; soyez simplement dans chaque inspiration et dans chaque expiration. Procédez ainsi chaque jour. Si c'est possible, faites-le pendant la journée et le soir.

2. SCHÉMAS RÉPÉTITIFS

Prenez conscience de ce qui est répétitif dans votre vie — les sentiments, pensées, relations, situations que vous affrontez. Soyez-en simplement conscient(e), ainsi que de la répétition des solutions que vous apportez pour résoudre ces problèmes, toujours de la même façon. Ne soyez pas critique envers vous-même et ne portez pas de jugement. Notez la répétition de ces cycles dans lesquels vous êtes pris(e). Laissez-les être exactement ce qu'ils sont, en y ajoutant simplement votre conscience bienveillante. Prenez un moment pour savoir ce que vous ressentez envers un (ou une) ami(e) qui présente les mêmes schémas. Allez-vous le détester et le juger, ou éprouver de la compassion pour lui ?

3. RELATIONS RÉPÉTITIVES

Lorsque vous remarquez que vous êtes pris(e) dans une relation répétitive ou un cas de figure familier, arrêtez de réagir à votre façon habituelle. Ne le prenez pas trop à cœur, n'en imputez pas la faute à l'autre et ne fuyez pas. Soyez conscient(e) qu'il s'agit simplement d'une situation qui se répète. Rendez-vous compte que vous avez d'autres choix. Agissez tout à fait différemment de ce que vous auriez fait auparavant. Au lieu de vous mettre en colère, montrez-vous aimable. Au lieu de vous détester, concentrez-vous sur tout ce que vous avez à offrir. Au lieu de conserver les vieux modes de comportement fonctionnant depuis toujours, engagez-vous tout de suite dans de nouvelles activités et de nouvelles relations.

4. QUI EST ASSIS LÀ ?

Nous avons naturellement toutes sortes d'idées sur ce que nous sommes et ne sommes pas — les rôles que nous jouons et ceux que nous ne jouons pas, ce qui est aimable et ce qui ne l'est pas. Chaque jour, prenez quelques minutes sur votre temps pour vous arrêter et regarder, à cet instant précis, qui vous êtes. Nous portons différentes casquettes le long du jour selon ce que l'on attend de nous. Il est facile de se perdre dans un rôle, un jeu ou un fantasme en oubliant complètement qui nous sommes. Il est facile de se perdre en essayant d'être tout pour tout le monde. Remarquez si c'est ce que vous faites. (Plus on est assis, plus on devient capable de situer son être véritable à chaque instant de la journée.)

À présent, notez les rôles que vous jouez dans les relations, ainsi que les rôles que vous demandez à l'autre de tenir. Voyez si vous êtes amoureux(se) de cette personne, ou du rôle qu'elle est en train de jouer pour vous. Renversez tout cela pour un instant en essayant de tenir des rôles différents. Essayez d'être avec quelqu'un qui joue des rôles auxquels vous n'êtes pas habitué(e). Prenez conscience de la différence qu'il y a entre ce que vous êtes et les rôles que vous jouez.

5. SALUER NOS EFFORTS

Il est naturel de s'attarder sur nos souffrances et nos difficultés en négligeant les efforts entrepris et les progrès accomplis. Trouvez ce que vous avez réalisé dans la journée — même de petites choses — et accordez-vous la reconnaissance que vous méritez pour cela. Saluez vos efforts pour aller vers le bien, vers la force, et devenir entier. Puis faites de même pour quelqu'un d'autre. Peu à peu, vous apprendrez à voir votre vraie nature et la vraie nature des autres, où que vous alliez.

S'arrêter,
Et compter chaque son,
S'arrêter,
Et voir chaque pierre,
S'arrêter,
Et laisser le vent souffler,
S'arrêter,
Et ne pas avoir à être quelqu'un.

PETER ROSENGARDEN,
onze ans.

chapitre 3

NE RIEN FAIRE

(lâcher le contrôle)

S'il vient nous l'accueillons
S'il s'en va nous ne le poursuivons pas.

PROVERBE ZEN

NOUS SOMMES NÉS EN VOULANT CONTRÔLER notre monde et ceux qui le peuplent. Nous crions pour obtenir de la nourriture de notre mère, sourions pour recevoir l'attention dont nous avons terriblement besoin, faisons la moue devant quelqu'un qui nous irrite et, lorsque nous sommes mal à l'aise, piquons des crises de rage. Implicitement, nous estimons que la vie doit se conformer à nos souhaits et que les autres sont là pour nous contenter. Cette attitude infantile peut être très difficile à abandonner. On peut dire en fait que 99 % de notre précieuse vie se passe à manipuler le monde afin qu'il assouvisse nos désirs.

Comme les tout jeunes enfants, la plupart d'entre nous n'ont pas réellement conscience de ceux qui les entourent. Les autres existent principalement en tant qu'objets destinés à satisfaire nos besoins. L'idée qu'ils puissent avoir leur propre vie, leurs rêves et leurs désirs parfois différents des nôtres, voire les contredisant, est souvent trop difficile à saisir. Ce que nous appelons « amour » dans une relation n'est souvent rien de plus qu'avoir quelqu'un dont le comportement nous aide à nous sentir bien. S'il ne va pas dans ce sens, nous aurons recours à tout ce qui pourra le contrôler et changer ses façons de faire.

Dans notre culture, ne penser qu'à soi est considéré comme normal, voire bénéfique. On nous enseigne à vouloir tout avoir, à satisfaire tous nos besoins, à manœuvrer avec succès dans nos relations. Lorsqu'une femme fait une « belle prise » et exhibe une grosse bague ou un autre signe de victoire, elle est louée par ses pairs et son statut s'élève. Lorsqu'une autre n'a pas été capable de maintenir une relation, elle se sent souvent médiocre et honteuse. Notre identité se résume à la façon dont nous contrôlons nos relations, à la personne avec laquelle nous nous « engageons ».

De nombreuses psychothérapies visent à aider les individus à « réussir davantage dans le monde » en manœuvrant mieux, devenant ainsi plus capables d'accomplir leurs désirs personnels. Toutefois, nous ne prenons pas toujours le temps d'examiner l'énorme stress et l'anxiété créés en cherchant à contrôler les autres et soi-même, à produire constamment pour avoir de la valeur, à toujours vouloir qu'un désir ou un autre soit satisfait.

Tout cela vient de l'idée que c'est à nous de porter à la fois le monde et nos relations sur nos épaules. Lorsque les choses tournent mal, nous nous le reprochons en ayant l'impression que nous n'avons pas fait ce qu'il fallait. Si nous avions agi différemment, tout aurait pu changer. Avec une orientation pareille, on cherche toujours quelque chose à contrôler, en éprouvant constamment une sensation de danger imminent. Comment tomber amoureux avec un tel état d'esprit ?

Beaucoup n'imaginent même pas qu'il puisse exister un mode de vie « alternatif ». Ils n'ont pas encore trouvé le chemin du zen.

La pratique du zen est à l'opposé de ce que nous venons de voir. Il ne vise pas l'accumulation ni la conquête. Il ne se préoccupe pas de la façon dont les autres nous voient. À mesure que nous pratiquons, nous sommes reconnaissants et comblés par ce que nous avons. La route du zen vers le contentement passe par l'art de vivre avec notre être véritable. Plus les étudiants du zen le pratiquent, plus leur vie, paradoxalement, est remplie de merveilleuses activités, d'expression et de réalisations.

LA LEÇON DU ZENDO : NE BOUGEZ PAS

Le seul vrai miracle est de rester immobile.

HENRY MILLER

Afin de renoncer à notre besoin frénétique de nous contrôler nous-même, les autres et tout ce qui nous entoure, la pratique du zen nous enseigne : « Ne bougez pas. » Restez assis sans bouger jusqu'à ce que la cloche sonne. Quoi qu'il se passe durant votre session assise, à l'intérieur ou à l'extérieur, maintenez votre posture. Vous êtes plus fort que les causes d'irritation, les illusions et les distractions qui cherchent à vous éloigner de la paix. Personne n'est jamais mort sur son coussin. Quoi que vous ressentiez, votre respiration va et vient régulièrement. Portez votre attention sur elle.

En temps normal, on bouge (et on réagit) tout le temps. Quand quelque chose nous préoccupe, nous nous déplaçons, changeons de position, faisons ce que nous pouvons pour l'éradiquer. Même si notre attitude modifie les conditions pour un bref instant, tout ne tarde pas à revenir, parfois plus intensément, parfois sous une autre forme. Quelle que soit l'action que l'on entreprenne, l'irritation persiste. Quelle que soit la façon dont nous menons notre relation, parfois, rien ne peut éliminer le problème.

Durant zazen (la méditation zen), en ne bougeant pas, nous abandonnons le contrôle de notre état et permettons aux choses d'être ce qu'elles sont, d'apparaître, de se développer, de disparaître et de réapparaître comme bon leur semble. Nous permettons au monde des phénomènes de se dérouler sous nos yeux. En fait, nous apprenons à relâcher en profondeur le besoin de contrôler.

Ne bougez pas est une instruction profonde, à la fois dans le zazen et dans les relations. Elle renferme un immense respect de la nature intrinsèque des personnes et des événements, pour une plus large conception inhérente à l'univers qui nous apporte ce qui est bon en nous et éloigne ce qui n'en fait plus partie. Combien de fois n'essayons-nous pas de saisir et de retenir ce qui ne nous convient plus, ou de manœuvrer désespérément pour obtenir ce qui risque de se révéler totalement inadéquat. Lorsque nous ne bougeons pas, nous nous ouvrons à un degré de sagesse plus élevé et laissons la vie suivre son propre cours.

LAISSEZ CHAQUE INSTANT ÊTRE CE QU'IL EST

L'univers est sacré.
On ne peut pas l'améliorer.
Si vous essayez de le changer, vous le détruirez.
Si vous essayez de le retenir, vous le perdrez.

LAO-TZU

Au fond, nous ne sommes que des hôtes sur cette terre, et seulement pour une courte période. Comment croire que tout tourne autour de nous ? Comme il est triste de refuser d'accepter les cadeaux que nous avons reçus, tels qu'ils sont... Pourquoi ne prenons-nous pas conscience que nous ne sommes que des voyageurs, et que cette terre n'est pas notre demeure ultime ?

Le zen nous enseigne à lâcher prise. Peu à peu, les étudiants comprennent que, même s'ils contrôlent certaines de leurs propres réactions, ils ne commandent personne d'autre. Ils peuvent alors voir chacun tel qu'il est vraiment, et non tel qu'ils souhaiteraient ou exigent qu'il soit. Qui plus est, ils réalisent que c'est un acte de violence, et non un acte d'amour, que de vouloir changer et contrôler une autre personne à ses propres fins.

En méditant, nous apprenons à laisser chaque instant, chaque respiration et chaque individu être exactement ce qu'ils sont. Nous laissons l'environnement être ce qu'il est, les lumières être vives ou ternes, la température être chaude ou froide. Nous ne contrôlons ni ne manipulons quoi que ce soit. C'est tout le travail du « ne rien faire » ; la non-interférence avec la sagesse primordiale de l'univers, avec la divine harmonie qui pénètre chaque chose et chaque être, y compris nous-même. Lorsque nous prenons du recul et laissons cette divine harmonie (*dharma*) se répandre, notre vie tout entière « cicatrise » et se trouve purifiée. Lorsque nous honorons et respectons la vie telle qu'elle est donnée, inévitablement, elle nous honore et nous respecte.

Rena est arrivée au zendo après avoir perdu deux importantes relations. Anéantie, elle était persuadée qu'elle ne pourrait jamais garder un amour et qu'elle finirait toujours par être quittée ; c'était son destin.

Lorsque le maître du zen lui a demandé pourquoi elle était là, elle a répondu :

« Je ne pourrai pas supporter de perdre encore quelqu'un.

— Vous en perdrez beaucoup », a dit le maître.

Rena en est restée suffoquée.

« C'est inévitable, dit-il encore.

— Que puis-je faire ?

— Ne faites rien. »

NE FAITES RIEN

Certaines personnes ressemblent à des chiens fous
Qui aboient à la moindre brise qui passe.

HUANG PO

Ne faites rien est une extension de *ne bougez pas*. C'est la base de tout enseignement du zen. Malheureusement, cette instruction a été très mal interprétée. Elle ne signifie pas que l'on doive rester passif, accepter son sort, s'abandonner à l'impuissance. C'est exactement le contraire. *Ne faites rien* est l'instruction la plus stimulante, la plus exigeante et la plus révolutionnaire qui puisse exister. C'est un commandement actif : lorsque vous êtes assis(e), sans bouger, ne *faites* rien. Lâchez le contrôle. Lorsque vous êtes confronté(e) à une phase difficile dans une relation, ne soyez pas dans l'embarras, ne luttez pas et n'entrez pas dans un conflit, ne *faites* rien. Lâchez prise. Restez centré(e) et inébranlable au milieu de la tempête et examinez la véritable cause du problème. Laissez-le vivre sa propre vie, venir et repartir. Ne vous laissez pas cueillir et ne tournoyez pas comme une feuille dans le vent.

Souvent nos actes et nos attitudes (surtout lorsqu'ils émanent d'un esprit agité, confus et dispersé) entraînent des complications et des conséquences désagréables, car la plupart de nos actions ne sont en fait que des *réactions*. Elles proviennent de nos conditionnements, nos besoins irrépressibles et nos désirs frénétiques. Ces activités constituent la base du karma.

L'action véritable est différente. Elle est claire, spontanée, déterminée, directe. L'action véritable est issue d'une tout autre partie de notre être.

L'ACTION VÉRITABLE

Avez-vous la patience d'attendre que la boue se tasse ?

PROVERBE ZEN

Pour parvenir à *l'action véritable*, nous devons commencer par *ne rien faire*. Cela signifie qu'il faut arrêter de faire ce qu'on avait l'habitude de faire. Nous devons cesser d'avoir des réactions réfléchies, cesser de vivre comme Sisyphe et de pousser le même rocher jusqu'au sommet de la même montagne. Nous devons être capable de supporter l'anxiété, la confusion et tout ce qui peut surgir si nous renonçons à notre mode de réaction habituel. Nous devons avoir la volonté d'être très calme et silencieux afin que notre impulsion à réagir ait le temps de s'évanouir. Si nous parvenons à le faire dans nos relations, de nombreuses petites contrariétés disparaîtront naturellement si nous leur laissons de la place pour aller et venir. Simplement, nous ne jetons pas de l'huile sur le feu en réagissant et ne transformons pas une pluie d'été en une violente tempête qui pourrait détruire notre relation.

De nombreuses personnes ont l'impression, en arrêtant d'agir comme elles l'avaient toujours fait, de vivre une sorte de petite mort. Elles pensent que ce qu'elles font détermine qui elles sont.

Andrew, que sa fiancée venait juste de quitter, a reçu pour instruction de s'asseoir dans le zendo et de ne pas bouger jusqu'à ce qu'il entende la cloche. À mesure que la tension montait et que ses sensations s'intensifiaient, il a commencé par ne pas pouvoir tenir en place. Puis, quelques minutes plus tard, il a juste éprouvé le besoin de se gratter le nez. Il sentait vaguement qu'il dérangeait les autres en s'agitant ainsi, mais il ne supportait pas ce qu'il ressentait. Il fallait qu'il contrôle et qu'il change son environnement. Ainsi, Andrew se rendait à peine compte de l'effet qu'il produisait sur les autres, ce que sa fiancée ne savait que trop bien.

Dans les relations, la même dynamique s'installe. Une chose, puis une autre arrivent qui causent des perturbations. Nous nous agitons, essayons de changer ou de contrôler ce que nous ressentons ou de changer la personne à l'origine de ce que nous ressentons. Notre confort est beaucoup plus important que le sien. Et tôt ou tard, naturellement, cette attitude l'éloigne de nous.

En conséquence, Andrew n'était même pas conscient du fait que Jennifer, assise à côté de lui, serrait les dents chaque fois qu'il bougeait. Il se rendait à peine compte que personne d'autre ne remuait dans le zendo, ce qui le gênait un peu, mais après tout, c'était lui d'abord, non ?

Nous voulons tous passer en premier et nous considérons comme le plus important, le centre du monde. Nous voulons aussi que nos relations nous le prouvent. Toutefois, cette attitude finit toujours par se retourner contre nous et l'on se retrouve seul et déprimé. Il est crucial de prendre conscience que nous n'avons pas toujours besoin d'être *le premier* dans nos relations. Sans cela, nous serons incapable de tomber amoureux naturellement. Vouloir être le premier, le meilleur, le centre du monde éloigne l'amour de notre seuil.

Lorsque nous sommes assis ensemble dans le zendo à *ne rien faire*, lorsque nous ne bougeons pas, nous percevons que nous avons tous une importance égale, que tout ce qui dérange ou blesse les autres nous blesse de la même façon. Nous honorons aussi les autres en aidant à créer un environnement dans lequel nous pouvons tous rester assis fermement sans bruit et passer au-dessus de leurs irritations passagères et de leurs plaintes.

Jennifer, trente ans, graphiste, séduisante et intelligente, a fini par rencontrer l'homme de ses rêves. Drôle, intelligent, il était du même âge qu'elle, avait un merveilleux sens artistique et savait être proche d'elle. Cela faisait trois mois qu'ils se voyaient, ils se sentaient terriblement bien ensemble et elle voulait vraiment que leur relation dure. Pourtant, elle n'a pas tardé à trouver qu'il regardait trop souvent le sport à la télévision, passait trop de temps avec ses amis, aimait faire du vélo tout seul et avait souvent tendance à être en retard. Jennifer s'est efforcée désespérément de contrôler ses « travers », de le changer pour lui donner la forme qu'elle souhaitait. Accablée, elle s'est rendu compte que, comme avec ses anciens petits amis, l'effort à accomplir serait trop grand et que, soit cela ne marcherait pas, soit il finirait par éprouver du ressentiment envers elle. Pourquoi toutes ses relations s'envenimaient-elles ? Ne pouvait-il pas y avoir quelqu'un qui soit parfait à 100 % ?

QUAND TOUT SERA-T-IL PARFAIT ?

Vous ne verrez jamais rien de pire que vous-même.

ESHIN

Pour Jennifer et ses semblables, rien n'est bien tant que ce n'est pas exactement comme ils le veulent. Ils sont poussés par le besoin intense de contrôler les autres, leur monde, leurs sentiments et surtout leurs relations sentimentales, un domaine où une vulnérabilité accrue, accompagnée de la crainte du rejet et de la perte, peut occasionner une anxiété considérable.

Jennifer ne permettait pas à ses petits amis d'être ce qu'ils étaient, n'était pas capable d'accepter leurs différences ni un comportement ne reflétant pas ses propres valeurs. Du coup, elle se sentait obligée de changer et d'améliorer chaque petit ami, et créait ainsi des rapports de force et des tensions entraînant la fin d'une relation qui ne pouvait être satisfaisante. Bientôt, il est devenu clair, même pour Jennifer, que le problème ne résidait pas chez l'autre personne, mais dans son propre besoin de pouvoir et de contrôle.

Il lui a alors été facile de constater que, tout en allant d'un homme à l'autre, elle ne parvenait pas à les rééduquer malgré ses efforts. Tout ce qu'elle avait, c'était un certain pouvoir, rien de plus. Cela la troublait. Mais comment la situation pouvait-elle changer si elle ne faisait rien ? Qui s'en chargerait ?

À ce stade de ses réflexions, Jennifer a décidé de pratiquer le zen, et sa façon d'être en a été complètement bouleversée. Un jour, elle s'est retrouvée assise à côté d'Andrew, qui s'est agité pendant toute la session. Jennifer a fait de son mieux pour ne pas bouger, malgré son désir de se pencher, d'attraper les mains d'Andrew et de les attacher derrière son dos. Elle est restée assise, droite, sans remuer, en étant attentive à ce qui se passait. Comme elle ne bougeait pas, elle était dans l'impossibilité de fuir ou d'influer sur l'expérience qu'elle vivait. Elle était simplement présente à ce qui se passait, « en l'état ». Assise ainsi, le cœur battant, les pensées s'agitant dans sa tête, elle a pris soudain conscience qu'Andrew n'était pas différent d'elle-même. À sa manière désordonnée, il lui montrait comment elle vivait, tentant désespérément de contrôler chaque instant, craignant d'accepter les événements qui se produisaient. Jennifer a souri malgré elle. Lorsque la cloche a sonné la fin de la session, elle éprouvait même de la compassion pour Andrew, comme s'ils avaient été des amis de toujours.

Quand nous nous tortillons, bougeons, changeons, planifions, il s'agit simplement d'un mécanisme de défense qui nous permet d'éviter de voir qui nous sommes réellement — et comment nous nous comportons dans nos relations. Cela nous empêche aussi de voir l'autre et de nous ouvrir à l'amour, qui n'a rien à voir avec le comportement de l'autre. Il n'a rien à voir non plus avec la volonté de le changer conformément à nos propres valeurs et à nos rêves, qui n'est rien d'autre qu'une manipulation égocentrique. L'amour pénètre par une autre porte.

LA BOUE N'EST QUE DE LA BOUE

Quand il fut illuminé, il put marcher dans la boue
Sans en être affecté. Il avait compris que la boue
n'est que de la boue.

DOGEN ZENJI

Nombreux sont ceux qui pensent que leur vie a été détruite par des relations douloureuses et par des situations qu'ils ne pouvaient pas changer ni contrôler.

Lorsque nous traversons une période désagréable ou vivons une relation pénible qui ne va pas dans le sens que nous souhaitons, nous lui donnons toutes sortes d'interprétations. Nous décidons que cette situation déplaisante rejaillit sur nous, que nous devons la combattre et la changer afin de retrouver notre dignité. Nous désignons notre ennemi et renforçons nos défenses. Au bout du compte, nous nous sentons toujours rejetés et sommes persuadés que nous ne retrouverons jamais l'amour.

Ces interprétations que nous faisons de la situation expliquent pourquoi nous nous retrouvons embourbés dans nos vies. Elles nous empêchent d'avancer en nous laissant une impression de saleté et de confusion. On se sent blessé et on a le sentiment de s'être fourvoyé. De plus, elles nous incitent à la revanche. Ces idées tournent souvent dans notre tête. Lorsque nous croyons à ces histoires et réagissons en fonction d'elles, nous perdons le contact avec ce qui se passe réellement et ce qui s'offre à nous dans l'instant. Qui plus est, nous perdons de vue que la boue n'est que de la boue.

Dogen Zenji (un grand maître du zen) était capable de traverser toutes sortes de situations sans en être affecté parce qu'il ne leur ajoutait rien. Il était exactement là où il se trouvait, faisant directement l'expérience de chaque chose. La boue n'était pas quelque chose de mauvais ni de sale. Ce n'était que de la boue. Une fois qu'il l'aurait traversée, il ne tarderait pas à trouver un pré. Quand il rencontrait de l'herbe sur son chemin, ce n'était pas le paradis, mais seulement de l'herbe. Et lorsque l'herbe disparaissait à l'automne, ce n'était pas pour le punir en le vouant à un hiver pénible. Simplement, c'était le moment pour l'herbe de disparaître. Après l'hiver, il y aurait autre chose qui sortirait du sol.

La plupart d'entre nous ne peuvent pas traverser ainsi les événements de la vie. Nous persistons à vouloir changer la boue en eau pure. Lorsque nous tombons sur un pré herbeux, nous faisons tout pour tenter de le garder vert, même sous le gel hivernal. Nous appréhendons le prochain terrain que la vie mettra sous nos pieds au lieu de simplement le traverser.

Nous faisons exactement la même chose dans nos relations ; sans cesse, nous revenons sur notre situation, ruminant tout ce qui ne va pas et refusant de lâcher prise. Le fait de ne pas pouvoir la contrôler nous perturbe et pour finir nous nous sentons désarmé. Que pouvons-nous donc contrôler réellement ? Si nous ne parvenons pas à contrôler ce monde insondable, cela signifie-t-il que nous soyons sans recours, ou stupide ? Y a-t-il un autre moyen d'aborder à la fois la beauté et la douleur que nous éprouvons ?

En nous engageant fidèlement dans la pratique du zen, nous sommes davantage en mesure de nous rendre compte que la boue n'est que de la boue. Elle n'est pas là pour nous abaisser, nous tourmenter ou nous arrêter. Nous l'acceptons sur notre parcours, passons à travers et poursuivons notre chemin.

LORSQUE QUELQU'UN ARRIVE, NOUS L'ACCUEILLONS. LORSQU'IL S'EN VA, NOUS NE LE POURSUIVONS PAS

Cette instruction toute simple est un moyen direct de faire évoluer notre vie. Si nous la suivons fidèlement dans toutes nos relations, nous pouvons créer le paradis sur terre, peu importe qui vient et qui s'en va. Nous ne nous accrochons pas aux autres en cherchant à nous les approprier, et nous percevons d'où vient chaque personne et où elle va.

Nous accueillons tous ceux qui arrivent, sans critique, exigence ni déception, mais en comprenant que chacun est un précieux cadeau, que l'on reçoit pour un certain laps de temps. Lorsque le moment sera venu pour lui de partir, nous respecterons son départ et ne le poursuivrons pas — nous ne générerons pas de sentiment de culpabilité ni de reproches à cause de son départ. Lorsque les autres sentent le respect et l'espace qui leur est donné, cela leur ouvre la possibilité d'exister totalement et crée un terrain fertile et sûr pour l'amour.

L'instruction nous rappelle de tout prendre dans la foulée, comme cela vient. Elle nous encourage à ne pas bouger, à ne pas interférer avec le rythme naturel de l'univers, qui nous apporte inévitablement ce qu'il nous faut et retire ce qui ne nous convient pas dans l'instant.

Jennifer a eu du mal à appliquer cette instruction dans ses relations, mais peu à peu, en persistant, quelque chose de curieux a commencé à se produire. Tout d'abord, elle s'est sentie moins contrariée par les défauts qu'elle trouvait chez les hommes de sa vie. Ces prétendus défauts s'inscrivaient simplement dans un cadre plus large. Elle les laissait être ce qu'ils étaient. Les hommes avec lesquels elle sortait, ne se sentant plus critiqués (verbalement ou non), commençaient à se détendre et à montrer des aspects plus agréables d'eux-mêmes. Jennifer pouvait à peine y croire.

Les rapports de force qui avaient sous-tendu toutes ses relations ont cessé naturellement. Les moments qu'ils passaient ensemble ne tournaient plus autour de la question de savoir qui devait commander, mais se passaient à apprécier le fait d'être ensemble dans l'instant. Du coup, la pression retombait des deux côtés. Quelque chose de nouveau était possible.

Plus nous pratiquons, plus nous entrons en contact avec la grande sagesse naturelle de l'univers et avec un processus de changement. Nous arrivons à trouver notre centre et notre bien-être au-delà des courants qui passent. En lâchant le contrôle, non seulement nous recouvrons une grande énergie, mais nous devenons capable de voir la racine à partir de laquelle croît l'amour véritable.

Accueillir quelqu'un quand il vient, ne pas le poursuivre quand il s'en va, est la manifestation d'une vie d'amour. Plus on intègre ce mode de vie, plus on devient « rempli » et joyeux, en ne nageant pas à contre-courant, mais en étant capable de jouer dans les vagues de la vie et d'apprécier pleinement la balade.

QUI COMMANDE ?

Bien que beaucoup affirment qu'ils croient en Dieu, au plus profond d'eux-mêmes ils se sentent vivre dans un univers aléatoire et chaotique qu'ils ont le pouvoir de contrôler d'une manière ou d'une autre. Ce sont eux qui savent le mieux, qui ont raison et doivent commander les autres. Non seulement il s'agit là d'une grande illusion (entretenue dès l'enfance, lorsqu'ils se prennent pour le centre du monde), mais c'est la conséquence éclatante du faux moi, ou ego, qui domine de nombreuses vies et détruit la plupart des relations. Combien se perdent dans des rapports de force, avec l'impression que, s'ils gagnent, ils auront obtenu l'amour ? Rien ne peut être plus éloigné de la vérité. Plus quelqu'un essaie de vous contrôler et de vous changer, plus il perd le contrôle. Entrer dans une relation de rapport de force avec lui ne fait qu'aviver son sentiment d'impuissance et n'apporte rien à l'un comme à l'autre.

La seule solution à cette situation consiste à prendre conscience de notre vrai soutien, à nous relier à la profonde source d'énergie de toute vie. Lorsque cette connexion se produit, on se retrouve centré et l'on comprend ce qu'est le vrai pouvoir. Le lien avec la vérité de l'être est établi et les luttes appartiennent au passé. Les relations se forment alors sur une base entièrement différente.

les étapes de l'amour : lâcher le contrôle

1. QUI CONTRÔLEZ-VOUS ?

Chaque jour, pendant quelques instants, prenez le temps de remarquer ce que vous cherchez à contrôler. Qui avez-vous l'intention de changer ? Qu'est-ce que vous ne voulez pas lâcher ? Réfléchissez un moment sur chaque situation. Puis, tout doucement, demandez-vous ce qui se passerait si vous laissiez cette personne être simplement ce qu'elle est. Prenez conscience qu'elle ne vous appartient pas mais a juste croisé votre chemin. (C'est vrai pour un compagnon ou une compagne, mais aussi pour un parent ou un enfant.) Procédez ainsi chaque jour et voyez ce que vous ressentez.

2. ARRÊTEZ DE BOUGER

Prenez le temps de noter les situations ou relations dans lesquelles vous êtes constamment en mouvement, occupé(e) à prendre des décisions et soucieux(se) du résultat. Que se passerait-il si vous stoppiez toutes ces activités et décidiez de ne pas prendre le contrôle ?

Au milieu de la situation ou de la relation, ne bougez pas. Arrêtez de réagir à votre façon habituelle. Ne *faites* rien. Prenez conscience qu'il existe une plus grande sagesse qui peut harmoniser et contrôler. Laissez la situation ou la relation être ce qu'elle est, laissez-la bouger et changer d'elle-même. Devenez une montagne au milieu. Rendez-vous compte que ce n'est pas nécessairement à vous de créer l'issue. À qui est-ce ?

3. ABANDONNER LES RAPPORTS DE FORCE

Prenez conscience que les rapports de force deviennent une forme de dépendance. Ils épuisent toute la joie et l'énergie d'une relation et, de plus, ne sont jamais acquis. S'il existe un rapport de force dans votre relation, abandonnez-le. Cessez de jouer le rôle complémentaire. De même, ne laissez pas quelqu'un d'autre avoir barre sur vous. Contrôler et être contrôlé n'a rien à voir avec l'amour.

4. QUI EST LE RESPONSABLE ?

Quand on commence à lâcher le contrôle, une question beaucoup plus vaste se fait jour : qui est le responsable ? D'où viennent le changement, l'amour et la joie ? Par moments, lorsque vous devenez moins réactif(ve), arrêtez-vous et posez-vous la question. (Ne cherchez pas à toute force une réponse. Quand elle sera prête, elle apparaîtra d'elle-même. Le simple fait de se poser la question est merveilleux. C'est tout ce que l'on vous demande.)

5. MARCHER DANS LA BOUE

Où est la boue que vous devez traverser dans votre vie ? Prenez-en note. Comment réagissez-vous par rapport à cela ? Qu'en pensez-vous ? Comment tentez-vous d'éviter de traverser cette boue en la contournant ? Mettez-vous des œillères, des écouteurs, générez-vous des fantasmes de toutes sortes ? Que se passe-t-il lorsque vous agissez ainsi ?

À présent, essayez quelque chose de différent : marchez simplement à travers la boue, en prenant conscience que ce n'est rien que de la boue, et que rien de ce que vous vous dites à ce sujet ne correspond à la réalité. La boue n'est que de la boue. Si vous la traversez de cette manière, elle ne pourra pas rester collée sur vous.

6. LE LAISSER VENIR ET REPARTIR

Lorsque quelqu'un entre dans votre vie (ou dans une de vos journées), entraînez-vous à le laisser venir. Accueillez-le en le laissant être ce qu'il est.

Lorsqu'il est temps pour lui de repartir, entraînez-vous à le laisser s'en aller. N'interprétez pas son départ comme une perte, un rejet ni un abandon. Rendez-vous compte que cela n'a rien à voir avec vous ; il était simplement temps pour lui de partir.

Faites la même chose avec vous-même. Laissez-vous aller et venir librement dans la vie, sans vous attacher à des chaînes inutiles.

> Le maître se consacre à ce que le moment apporte.
>
> PROVERBE ZEN

deuxième partie

LE ZEN EN ACTION

chapitre 4

KINHIN : MÉDITER EN MARCHANT

(faire de nouveaux pas)

Regardez attentivement où vous mettez vos pieds.

TOREI ZENJI

UN BÉBÉ N'A PAS DE PROBLÈME POUR FAIRE DE NOUVEAUX PAS. Quand le temps est venu pour lui de marcher, même s'il n'a pas encore trouvé son équilibre, il se redresse, trébuche, se relève et essaie de nouveau. S'il se fait mal, il pleure un moment, s'arrête et essaie encore. Personne ne marche sans avoir commencé par tomber. Personne ne tombe sans se faire mal pendant un moment. On tombe, se relève, continue, se perd, se trouve puis se perd à nouveau.

Il en va de même pour les relations. Au début, nous n'avons pas forcément trouvé encore notre équilibre. Une longue exploration nous sera sans doute nécessaire pour découvrir qui nous sommes, qui est l'autre et comment satisfaire nos besoins mutuels. On peut dire qu'il n'y a pas de plus grand courage que d'avancer en amour.

Les relations, de par nature, peuvent devenir chaotiques. Maintenir l'équilibre et la clarté est une tâche très difficile quand on se trouve dans les tourments d'une relation amoureuse, où les besoins et les sentiments sont exacerbés et où l'on se trouve déchiré entre les deux. Nombreux sont ceux qui, dans cette situation, ont l'impression de marcher sur la corde raide.

Dans la vie, on est constamment sollicité par des stimuli sans fin, des gens qui veulent toutes sortes de choses de nous, des choix qui doivent être faits sur-le-champ. Il nous faut souvent agir sans prendre le temps d'envisager les conséquences. Nous apprenons à faire une liste de nos priorités et à calculer notre temps de façon à nous créer une vie équilibrée et à entretenir les différentes parties de notre être.

Même si nous suivons le programme que nous avons établi, nous n'acquérons pas nécessairement notre équilibre intérieur. Des conflits peuvent toujours surgir en nous, et une planification rationnelle ne suffit pas toujours à les résoudre, pas plus que nos efforts pour nous convaincre que nous avons agi comme il fallait. En fait, plus on réfléchit à ce que l'on doit faire, plus on se retrouve hésitant.

À mesure que nous pratiquons le zen, notre sens du rythme et du timing s'affine dans les relations. Nous savons naturellement quand il est temps de passer à l'action et quand il convient de rester tranquille.

On est libéré à la fois de notre tendance à tout remettre au lendemain et de notre comportement impulsif qui n'est pas basé sur ce qui est réel, ou sur ce qui est nécessaire dans l'instant. Reliées à notre propre équilibre intérieur, nos relations s'équilibrent aussi.

LA LEÇON DU ZENDO : QUAND IL EST TEMPS DE MARCHER, MARCHEZ

Marchez vers la gauche, marchez vers la droite,
mais, surtout, ne chancelez pas.
PROVERBE ZEN

Notre corps peut nous apprendre tout ce que nous avons besoin de savoir. Pour commencer, il doit trouver l'équilibre, puis c'est la manière même dont nous marchons sur la terre qui va nous montrer la prochaine étape à franchir.

Dans la pratique du zen, tôt ou tard, chaque session va s'achever au son de la cloche. Celle-ci indique qu'il est temps de quitter son coussin et de se préparer à marcher. Cette marche rituelle entre des périodes de zazen a pour nom *kinhin*. Ce n'est pas une marche ni une pause ordinaire, mais une marche méditative. La concentration et l'attention développées sur le coussin pendant zazen s'étendent alors dans l'action.

Pendant kinhin, les étudiants reçoivent pour instruction de garder le dos droit, les mains jointes sous le sternum, la tête droite et les yeux au sol. Lorsque kinhin commence, un étudiant marche derrière l'autre en faisant attention au sol sous ses pieds. Il est facile de maintenir l'attention et l'équilibre quand on est assis sur un coussin. C'est une autre histoire que d'être attentif et centré quand on se lève pour s'activer.

Certains n'éprouvent aucune difficulté à être assis en zazen. En fait, ils adorent ça et sont ravis de s'asseoir et d'abandonner l'agitation qui envahit leur vie. Ils n'apprécient pas le son de la cloche à la fin de chaque session, qui les appelle à retrouver l'activité. Il leur en coûte de quitter le précieux silence pour bouger de nouveau. Quoi qu'il en soit, quels que soient l'agrément ou la profondeur de la session, quand la cloche sonne, la session est terminée. Tout le monde dans le zendo doit se lever et bouger. On s'attache souvent à un état, une activité ou une relation et on ne veut pas les voir s'achever ni passer à autre chose. De la même manière, certains sont incapables de passer en douceur et naturellement d'une phase de leur vie à la suivante.

« Quand il est temps de vous lever, levez-vous, dit l'instructeur. Quand il est temps de bouger, peu importe ce que nous ressentons, nous nous levons. »

Certains élèves se lèvent à contrecœur, irrités.

L'instructeur ne fera aucun commentaire sur leur humeur. « Contentez-vous d'observer chacun de vos pas attentivement », dira-t-il.

CHACUN PENSE QU'IL SAIT CE QU'IL LUI FAUT

Chacun croit savoir ce dont il a besoin quand il arrive au zendo, et pourquoi il a entamé telle ou telle relation. De même chacun croit savoir ce qui va le satisfaire. (Bien entendu, si tout cela était juste, le monde entier serait satisfait à l'heure qu'il est.) Mais il y a de nombreux réveils et des surprises en réserve — à la fois dans le zendo et dans les relations. Il vaut mieux être un peu plus humble et se rendre compte que dans les deux cas, on a beaucoup à apprendre.

Nous sommes souvent pressés de tirer des conclusions superficielles basées sur les apparences. Si nous marchons lentement en ligne, nous pensons que c'est tout ce que nous faisons. Si nous faisons des listes de ce qui est important, nous pensons que nous résolvons des problèmes. Si nous éprouvons un sentiment d'attachement, nous pensons que nous sommes amoureux.

Kinhin ne consiste pas à se promener à la queue leu leu. Il nous apprend à rester vigilant, centré et attentif lorsque nous sommes en action, confronté à des stimuli, comme quand nous sommes assis en silence. Il nous apprend aussi à agir de façon appropriée, que nous le voulions ou non, dans l'instant.

Combien de relations ont-elles pris fin ou se sont-elles fragilisées parce qu'un des partenaires ne pouvait pas passer à l'étape suivante ? Certains ne peuvent pas dire « je t'aime », ou s'engager de manière plus approfondie. D'autres sont incapables d'écouter les besoins de leur partenaire ou d'y répondre. Combien finissent par se retrouver coincés dans leur relation, alors que la cloche a sonné de nombreuses fois ? Il y en a tant qui refusent d'entendre le son de cette cloche, les avertissant qu'une phase est achevée et qu'il est temps de passer à la suivante… (Naturellement, ce n'est pas seulement vrai pour les relations, mais pour tous les aspects de notre vie.) Dans le zendo, toutefois, quand la cloche sonne, on ne peut pas la rater. On n'a pas le choix.

Lorsqu'on applique également ce principe à nos relations, on apprend à poursuivre son chemin quand le moment est venu, et à diminuer notre attachement pour une personne ou une situation qui ne nous convient plus. Le zen nous montre que nous n'avons pas à nous y attacher, ou à essayer de retrouver une situation passée. Au lieu de cela, on aborde facilement l'activité ou l'expérience qui nous attend. De même, s'il est temps d'avancer dans la relation — d'emménager ensemble ou de se fiancer — on est également capable de franchir ces étapes, d'être vraiment dans les actions présentes, sans faiblir ni dériver de crainte du futur ou des conséquences. L'appréhension de l'avenir et le regret du passé sont les deux principales attitudes qui entravent l'action. Lorsque nous devenons capable d'agir dans le présent, ces deux facteurs perdent de leur pouvoir sur notre vie.

POURSUIVRE SON CHEMIN : VIVRE AU PRÉSENT

Si nous pouvions simplement suivre cette instruction — en étant capable de passer à autre chose quand le moment est venu — notre vie serait parfaitement équilibrée. On serait guéri de notre tendance à vouloir tout remettre au lendemain et de nos obsessions, en étant forcé de nous lever et de sortir (que cela nous plaise ou non), d'entrer dans le flot de la vie, d'être à l'aise dans toutes sortes d'activités, et de faire ce qu'il faut *quand* il le faut tout en maintenant notre équilibre intérieur et notre centre.

Un certain sens du rythme et du choix du moment constitue l'essence d'une relation, et de tous les aspects de notre vie. Nous devons avoir la présence de l'esprit, l'équilibre et la relation intuitive aux autres afin de savoir quoi faire et quand le faire. Nous devons comprendre instinctivement ce qui est demandé dans l'instant : quand il convient de se rapprocher de quelques pas, et quand il est temps de reculer. Sans cette connaissance intérieure, soit nous bousculons les autres, soit nous les laissons avec une impression de vide et de froid. Il y a trop de gens qui tournent en rond, ne sachant quand s'arrêter pour rentrer en contact avec quelqu'un.

Tom faisait toutes les soirées pour célibataires les unes après les autres, cherchant quelqu'un à aimer. Au moment où il passait le seuil de la porte, il se sentait fabuleusement bien ; il y avait un grand choix de belles femmes et il était persuadé qu'il pourrait avoir n'importe laquelle.

Une fois entré, il se rendait au bar, prenait un verre pour se stimuler un peu, puis commençait à circuler dans la pièce. Comme il était beau, il attirait l'attention et de nombreuses femmes le regardaient d'un air intéressé. Tom leur rendait brièvement leur regard puis, un verre à la main, continuait à traîner en passant toute la salle en revue.

« Je voulais être sûr de ne rien rater et je les examinais toutes les unes après les autres », disait-il ensuite à son thérapeute découragé. « On ne sait jamais ce qui peut arriver. Je n'arrivais pas à m'arrêter quelque part et à parler. Qui sait ce qui aurait pu se passer un peu plus loin ? Je risquais de me retrouver coincé avec quelqu'un toute la soirée. »

Ainsi donc, Tom ne voulait pas s'arrêter et s'asseoir. Il continuait à circuler aux abords de la fête en examinant tout le monde. Avant qu'il s'en soit rendu compte, la fête était finie et une fois de plus Tom rentrait seul chez lui. Il n'avait pas su quand s'arrêter et marcher vers quelqu'un pour lui dire bonjour.

En fait, il avait désespérément besoin d'apprendre à rester tranquille un instant, à se lever quand la cloche sonne et à marcher, en ne se concentrant sur rien d'autre que le pas suivant. Son attention était si dispersée qu'il ne pouvait se centrer sur rien ni personne.

Tom avait besoin de sentir le sol sous ses pieds quand il marchait, et non pas d'errer inutilement, accroché à son imagination. Il fallait qu'il permette à une autre partie de lui-même de prendre le relais et d'apprendre à bouger en accord avec son équilibre naturel. Au lieu de cela, il était toujours étonné, à la fin de la soirée, de constater qu'il n'était sorti avec personne.

Généralement, on n'a pas conscience du début ni de la fin de quelque chose. Une activité, une relation cède souvent la place à une autre. Mais il est impossible d'être réellement disponible pour une nouvelle relation, d'être à la fois prêt et présent, avant d'avoir pris conscience que celle d'avant est terminée — ou a changé de forme de manière significative. Quelqu'un qui a été un bon amant ne devient pas forcément un bon ami. Quelqu'un dont on avait constamment des nouvelles peut ensuite ne se signaler que rarement. Quelqu'un qui n'était qu'une connaissance passagère peut développer d'autres sentiments. Comment agir de manière appropriée dans chaque situation si nous ne savons pas où nous en sommes ? Il y en a tant qui sont hantés par les fantômes des relations passées qu'ils ne sont pas disponibles pour ce qui se présente ensuite.

CE DONT ON A BESOIN MAINTENANT

Lorsqu'un instant, une action ou un être se confond avec un autre, il est difficile de savoir où l'on en est et ce que l'on recherche dans l'instant. Comment savoir quand arriver ou quand partir ? Nombreux sont ceux qui vivent tellement dans le passé, rêvant à des moments disparus, qu'ils n'ont pas l'espace intérieur ni l'énergie pour accueillir la personne qui se trouve sous leurs yeux au moment présent.

Tom devait cesser son errance, peu importait ce qu'il ressentait, se diriger vers une femme, quelle qu'elle soit, et la saluer. Il devait rester avec elle un moment, s'intéresser à elle et lui parler. Il fallait qu'il agisse de façon appropriée, quels que soient ses sentiments. En entrant en contact avec, ne serait-ce qu'une seule personne, il serait confronté aux illusions qu'il entretenait (aucune n'était bien pour lui et la femme parfaite n'était pas encore arrivée). Sa tâche ne consistait pas à chercher la perfection, mais simplement à s'arrêter et à rester avec quelqu'un un moment, à se lier d'amitié, en abandonnant le jeu insensé auquel il se livrait. Se tenir tranquillement avec une personne, la regarder, lui parler et l'écouter, serait une forme de pratique du zen pour Tom. En agissant ainsi régulièrement, peu à peu, son agitation diminuerait et il serait capable d'être présent à ce qui se passait réellement et à ce qui était disponible.

SOYEZ ATTENTIF À CHACUN DE VOS PAS

On a demandé à un maître zen quelle était l'essence de l'entraînement du zen.

> « L'attention, répondit-il.
> — Quoi d'autre ? demanda l'élève.
> — L'attention, l'attention, l'attention. »

Il est extrêmement important d'apprendre à désamorcer les illusions, les peurs et la confusion qui envahissent toutes nos actions. « Soyez attentif à vos pas » est une leçon fondamentale du zen. Prenez votre attention en charge. Mettez-la exactement là, dans ce pas que vous faites, dans cette action précise. Ne laissez pas le chaos intérieur ou extérieur influer sur ce que vous faites.

Ordinairement, lorsque nous sommes engagés dans une activité, que nous rencontrons des changements, des personnes ou des situations différentes qui nous stimulent, notre attention se disperse. On finit par être intoxiqué par tout ce mouvement. L'adrénaline s'emballe, l'imagination, les réactions, les pensées de toutes sortes submergent notre être. Le corps se met en état d'alerte. Il est alors facile de perdre l'équilibre, de se sentir tiraillé dans toutes les directions et de ne plus savoir où nous sommes. On ne sait plus quoi faire ni où aller.

En entraînant le corps, on entraîne aussi l'esprit. En étant attentif à son corps, on est attentif à sa vie tout entière. Notre corps nous montrera où est notre esprit. Un corps chancelant est la manifestation d'un esprit chancelant. Un corps inactif est la manifestation d'un esprit coincé, qui s'accroche.

Lisa, trente-huit ans, travaille avec succès dans la banque et est divorcée avec deux enfants. Elle a fini par rencontrer quelqu'un qui lui plaisait. Leur relation s'est installée sans crier gare et elle est tombée follement amoureuse. Alors qu'elle avait l'habitude de quitter son travail longtemps après les autres, elle s'est mise à sortir à 17 heures précises en prévision d'un dîner — ou d'une séance de cinéma — avec son nouveau petit ami. Elle, qui passait ses samedis soir à regarder des films à la télévision avec les enfants, quittait la maison à 18 heures pour une soirée en ville. Il lui devenait difficile de trouver du temps pour eux, mais elle ne voulait pas non plus renoncer à son nouvel amour, qui lui donnait l'impression d'être de nouveau quelqu'un à part entière.

Comme Lisa était de plus en plus sollicitée, à la fois à son bureau et chez elle, les conflits ont commencé à laisser des traces, à la fois sur elle et sur son ami. Elle est devenue tellement irritable que la moindre contrariété avec lui prenait des proportions démesurées ; il lui semblait constamment qu'elle devait choisir entre lui et le reste de sa vie.

Lorsqu'elle s'est mise à pratiquer le zen, Lisa n'a pas compris tout d'abord que l'instruction « soyez attentif à chacun de vos pas » pouvait résoudre ses problèmes d'équilibre entre la famille, le travail et la vie amoureuse. Pourtant, c'était aussi simple que ça. (Parfois, ce qui est trop simple est difficile. On aspire aux complications et aux difficultés auxquelles on est habitué. Il faut un certain temps pour se détourner de ce goût pour le chaos et apprendre à apprécier pleinement la marche attentive, en sentant chaque pas.)

« Contentez-vous de faire attention à chaque pas », s'est entendu dire Lisa alors qu'elle avançait en chancelant dans la file.

Au début, elle a été incapable d'y parvenir. Son attention — et donc son corps — oscillait dans tous les sens. Pendant qu'elle luttait pour être simplement attentive à ses plantes de pieds, à chacun de ses pas, elle s'est rendu compte combien il était dur pour elle d'être totalement là où elle était. C'était également vrai dans ses relations, quand elle se demandait constamment ce qui allait arriver ensuite, ce que l'autre éprouvait pour elle, et comment elle allait résoudre de plus amples problèmes. Son obsession de planification du futur l'empêchait d'être complètement là, dans l'instant. Le lieu dans lequel elle se trouvait, les pas qu'elle faisait, tout cela lui semblait insignifiant comparé aux énormes problèmes qu'elle envisageait dans l'avenir. En faisant attention à chaque pas, c'est-à-dire à sa vie même à cet instant, Lisa avait l'impression d'abandonner le reste de son monde. Du coup, elle se sentait épuisée et déchirée, et perdait complètement le centre de son être. Naturellement, cela avait un impact sur sa capacité à tomber amoureuse et à le rester.

Mais à mesure que sa pratique de kinhin continuait et que Lisa apprenait à passer d'une activité à une autre sans être entravée par des sentiments aléatoires, elle a commencé à trouver de la place pour différents besoins, personnes et activités et à passer de l'un à l'autre. Quand elle quittait son bureau, elle le laissait derrière, libérant ainsi de la place pour différentes parties qui pouvaient ainsi s'exprimer.

Lisa a appris que l'on ne peut jamais être vraiment là pour quelqu'un d'autre si on n'est pas totalement avec soi-même. Cela ne veut pas dire que l'on doive être égoïste ou égocentrique, mais que l'on doit savoir qui on est et où on est dans l'instant, sentir ses pieds sur le sol. Cela signifie être en contact avec le centre de son être, avec sa propre intuition. Si l'on n'a pas cette connexion, on devient facilement une proie pour tout ce qui approche. Cela revient à vivre comme une feuille flottant au gré du vent.

La pratique de zazen nous montre comment reconquérir notre centre. Elle tient énergiquement notre attention à l'écart des phénomènes continuels qui la réclament un moment après l'autre, et la place fermement au centre de notre être.

En portant notre attention sur cet instant même, à ce que nous faisons exactement quand nous le faisons, nous nous retrouvons partie intégrante du reste du monde. On est alors orienté, équilibré et lucide.

On sait où l'on est, quand on y est. On apprend aussi où on n'est pas et comment on est allé d'un point à un autre.

Lorsque nous nous précipitons dans la vie, sans prendre une seconde pour découvrir qui nous sommes, nous ne perdons pas seulement notre équilibre, mais aussi l'accès à l'énorme sagesse qui est toujours disponible quand notre esprit et notre cœur sont réunis. Quand on n'est pas « complet », quand il n'y a personne à l'intérieur, cela laisse la place à toutes sortes de gens et d'événements qui envahissent notre monde avant que nous ayons pu réaliser ce qui se passe.

RETOURNER À LA RACINE

Le cœur et le fruit de toute pratique zen consistent à retourner à sa propre racine. Avant de *faire* quoi que ce soit ou de choisir une destination quelconque, vous devez savoir d'où vous venez. Retournez d'abord à la source et tout deviendra clair. Ne vous fixez pas entièrement sur votre problème. Cette personne, cette situation ou ce problème n'est pas extérieur à vous. Il vous a été amené pour que vous puissiez grandir. Trouver ce que la personne ou la situation attend de vous, et trouver quels sont vos besoins, peut être un voyage fascinant. Lorsqu'on retourne à la source, la réalité du sujet devient très claire.

En retournant à *notre* source, nous comprenons les différentes manières d'aimer différentes personnes.

Tout le monde ne convient pas pour devenir notre compagnon ou notre compagne. Et si l'on se retrouve piégé dans une relation inadéquate, il est souvent impossible de s'en détacher avant d'avoir appris à aimer et à accepter l'autre tel qu'il est. Nous devons être capable de pardonner, d'honorer et d'accueillir la bonté qu'ils ont à donner. Certains prétendent que chaque personne qui entre dans notre vie vient pour donner et recevoir une bénédiction. Une fois que celle-ci est donnée, il est facile de trouver la place que les autres doivent occuper dans notre vie.

Cara est venue au zen parce qu'elle s'est retrouvée mariée à un homme qu'elle n'aimait pas. « Je ne l'ai jamais aimé », expliquait-elle tristement. « J'aimais quelqu'un d'autre. Une nuit, mon ami et moi avons eu une terrible dispute et j'ai rencontré mon mari à la suite de cette déception sentimentale. Les choses se sont enclenchées, comme un fleuve que rien n'empêche de couler. Avant de comprendre ce qui se passait, un matin, je me suis réveillée mariée. Lorsque je le regarde, je ne ressens aucun amour. Je voudrais le quitter, mais j'ai peur. Pourtant, je ne supporte pas l'idée de passer toute ma vie sans amour. »

Comme tous les autres, Cara a reçu ses instructions : s'asseoir sur le coussin, suivre sa respiration, ne pas bouger, et se lever quand la cloche sonne pour commencer kinhin. Comme elle était quelque peu désespérée, elle n'a pas protesté.

« Très bien, a-t-elle dit. Je le ferai volontiers. Cela va-t-il m'aider à quitter mon mari ?

— Qui sait ? a répondu l'instructeur.

— Ce n'est pas suffisant. Si je fais tout cela, serai-je capable de le quitter ? »

En général, on fait volontiers une chose si elle correspond aux idées préconçues que l'on a du résultat. On marche pour aller quelque part, plutôt que de marcher pour sentir chacun de ses pas sur le sol. Nous avons besoin d'une motivation pour entreprendre une action, au lieu de l'entreprendre pour elle-même, en la laissant nous mener à bon port.

« Avant de le quitter, cessez de vous quitter vous-même », a répliqué l'instructeur.

Cara n'a plus rien dit. Il faut que quelque chose nous arrête avant d'avoir la volonté d'être attentif, d'essayer une nouvelle voie. Cara avait pour instruction de retourner à sa racine.

Elle était si perdue dans sa vie qu'elle ne savait plus du tout où était la fondation de sa maison. Elle croyait que son incapacité à être amoureuse de son mari venait de lui, de ce qu'il était. Le matin, elle avait l'impression de se réveiller à côté d'un étranger.

Tant que nous ne nous connaissons pas nous-même, tous les autres sont des étrangers pour nous. Tant que nous ne sommes pas capable de comprendre comment nous sommes arrivé d'un point à un autre, de trouver notre source, ce qui nous tient enraciné à la terre, il est difficile d'entretenir une vie d'amour.

Parfois, à cause du karma ou des circonstances qui échappent à notre contrôle, on se retrouve dans une relation ou une situation en se demandant comment on a pu en arriver là, ou comment se relier aux événements. On se retrouve désemparé et seul, ne sachant que faire.

À mesure qu'elle pratiquait, Cara a commencé à découvrir de nouveaux aspects de son mari. Il ne lui semblait plus si lointain ni étranger. Plus elle se rapprochait d'elle-même, plus elle pouvait l'inclure dans son monde. Un matin, elle a brusquement pris conscience de toutes les attentions qu'il avait pour elle. Assise à la table du petit déjeuner, elle s'est mise à pleurer. Il s'est approché d'elle et a posé sa main sur son épaule.

« Cela prend du temps », a-t-il dit doucement.

Cara en est restée ébahie.

C'est peut-être son *koan* — ce problème insoluble que l'on doit néanmoins résoudre — que d'être avec ce mari inattendu afin d'apprendre à tomber vraiment amoureuse, ou à le quitter vraiment. (Nous nous étendrons plus longuement sur les koan dans un autre chapitre.) Pour elle, la première étape consiste à se rendre compte que le fait de tomber amoureuse a peu de choses à voir avec l'autre, et tout à voir avec son propre état d'esprit, ce qu'elle met dans la situation et la façon dont elle appréhende leurs deux personnes.

Chaque être qui existe sur terre est attachant. Si nous ne sommes pas capable de l'aimer, c'est à cause des nuages qui voilent notre vue. Ils peuvent se disperser quand nous le voulons.

La pratique du zen consiste à retourner à la racine, à notre être originel, celui que nous étions avant de nous retrouver la proie des phénomènes. Cette source est en nous tout le temps. Elle n'a jamais été perdue. C'est la capacité d'être plein d'espoir, confiant, ouvert, indulgent et aimant, de voir le meilleur en chaque être et chaque chose.

> Quand on retourne à la racine on trouve le sens,
> Quand on s'égare dans les branches, on perd la substance.
>
> SOSAN GANCHI ZENJI,
> *On Believing in Mind*

les étapes de l'amour : poursuivre son chemin

1. UN PAS À LA FOIS

Le matin, dès que vous vous levez, soyez conscient(e) des pas que vous faites. Sentez le sol sous vos pieds. Tenez-vous droit(e). Prenez quelques instants pour être dans chacun de vos pas. Si vous voulez courir dans tous les sens comme d'habitude, prenez-en note et continuez à être attentif(ve) à chaque pas. En même temps, vous pouvez vous demander : où suis-je en ce moment ? Où vais-je ? Soyez conscient(e) d'aller d'un point à un autre. Soyez conscient(e) du moment où le temps s'arrête.

2. LE CENTRE DU CERCLE

Certains ont l'impression de tourner en rond, en allant d'une activité (relation, problème ou demande) à l'autre. Voyez quand vous tournez en rond. Remarquez les forces qui vous entraînent. (Bien qu'elles semblent se trouver à l'extérieur, à un niveau plus profond elles sont aussi en vous. Vous vous soumettez à elles.) Maintenant, cessez de tourner et imaginez que vous vous trouvez au centre du cercle ; faites-le tourner autour de vous : vous êtes le moyeu de la roue. Faites la même chose avec vos relations, notamment celle qui semble échapper à tout contrôle.

3. SE PERDRE ET SE TROUVER

Arrêtez-vous et notez les zones de votre vie dans lesquelles vous avez l'impression de vous égarer. Prenez un moment pour vous rendre compte que cela fait partie de la condition humaine, ce qui ne signifie pas que quelque chose ne va pas chez vous. Il n'est pas nécessaire de rejeter la faute sur quelqu'un. De toute façon, accordez-vous respect et bienveillance. Il est important de s'apercevoir que l'on s'est égaré. La première étape pour se retrouver consiste à prendre conscience que l'on a perdu son chemin. Remarquez aussi que, si vous saviez comment retrouver les fondations de la maison, vous l'auriez déjà fait.

Voyez alors si vous êtes prêt(e) à essayer une nouvelle façon de vous trouver, à être pleinement où vous êtes, à chaque pas que vous faites sur le chemin. Exercez-vous ainsi un peu chaque jour et voyez ce qui se produit. Pratiquez même en *étant* avec des choses ou des situations que vous n'aimez pas, ou qui ne vous satisfont pas forcément. Pratiquez aussi de la même façon avec vos relations. N'essayez pas de décider ce qui va se passer ensuite, de la manière dont vous allez vous impliquer davantage ou vous retirer ; contentez-vous de faire le pas que vous êtes en train de faire, dans l'instant. (Si vous avez l'habitude de tenir un journal, notez jour après jour ce qui se passe.) Vous pouvez même pratiquer ainsi avec un(e) partenaire, et au bout de quelque temps partager votre expérience.

Se perdre et se trouver est le processus de toute une vie. C'est une démarche belle et intéressante. On peut penser que l'on est perdu, mais si l'on a une vision plus large, on peut aussi se demander quelle est notre véritable destination.

4. INCLURE TOUTES LES PARTIES DE SOI-MÊME

À quel moment trouvez-vous difficile d'avancer ? Quand vous sentez-vous incapable de répondre aux exigences que l'on a envers vous ? Prenez le temps de voir ce qui vous bloque. À quoi vous cramponnez-vous (une personne, une idée, une croyance ou une peur ?) ? Que va-t-il se passer si vous lâchez prise et passez à l'étape suivante ? (Il peut s'agir d'une personne, d'une activité ou d'une phase de votre vie.)

Prenez un moment pour reconnaître l'endroit où vous étiez. Saluez mentalement l'activité, la personne ou la situation que vous aviez du mal à quitter. Prenez conscience qu'en avançant, vous n'abandonnez rien, mais procurez simplement un contexte plus vaste à votre vie. Réfléchissez-y quelque temps.

5. RETOURNEZ À LA RACINE

C'est un exercice que nous pratiquerons tout le long du livre. À mesure que votre pratique se poursuivra, la racine s'enfoncera plus profondément et plus fermement.

Demandez-vous : Où se trouve la racine de votre vie actuellement ? Qu'est-ce qui vous relie le plus profondément à vous-même et à toute votre vie ? En quoi avez-vous confiance ? Soyez simple, honnête et clair(e) avec vous-même en répondant à ces questions. Personne ne connaîtra vos réponses. Ne craignez pas de vous exprimer de façon inattendue, différente de votre routine. C'est le moment d'une exploration honnête.

Certains d'entre nous ont des racines qui ne les relient pas à ce qui les nourrit et est bénéfique pour leur vie. Plutôt que de les arracher, il est préférable de les examiner d'abord attentivement et de les remplacer lentement par de nouvelles racines qui les relieront à ce qui leur apporte la vraie vie et l'amour.

6. FAITES UN NOUVEAU PAS

Maintenant que vous commencez à sentir vraiment vos racines, vous pouvez peut-être vous risquer à faire un nouveau pas aujourd'hui — juste un. Pendant quelques instants, voyez où vous avez cessé de prendre des risques et quel nouveau pas vous avez envie (ou besoin) de faire. Puis, faites-le. Juste un pas dans une nouvelle direction, pas deux. Faites-le courageusement et totalement. Demain, vous pourrez en faire un autre ; dans votre vie personnelle ou dans une relation. L'important, c'est de s'habituer à faire un nouveau pas tous les jours. Peu importe ce que vous pensez ou ressentez, pas à pas, incluez quelque chose de nouveau. Passez à la phase suivante de votre vie. Vos pas vous montreront comment faire.

> Voyageurs,
> Il n'y a pas de chemin.
> Les chemins ne se font qu'en marchant.
>
> ANTONIO MACHADO

chapitre 5

NETTOYER LA MAISON

(faire le vide en soi)

Il vient les mains vides, il repart les mains vides.

KIDO, dans *On ne peut pas voler la lune*[1]

NOUS TENONS TOUS À NOS POSSESSIONS, nos réalisations et nos souvenirs, jouissant de la chaleur qu'ils procurent. S'ils sont des soutiens positifs dans notre vie, il est également important d'apprendre à ne pas nous accrocher à ce que nous avons accumulé, à être capable de lâcher prise, nettoyer la maison et faire de la place pour de nouvelles expériences et de nouveaux cadeaux.

C'est également vrai de nos relations. Nous faisons tous de nouvelles connaissances en étant remplis à ras bord de souvenirs, de craintes, de concepts, de croyances et d'images sur la façon dont nous voulons que la situation évolue. Mais dès que les choses ne vont pas

1. Traduction du recueil d'histoires zen, *Zen Flesh, Zen Bones*, compilées par Paul Reps et Nyogen Senzaki à paraître en 2004 chez le même éditeur (trad. : Michelle Lecœur). [N.d.É.]

dans le sens souhaité, on se sent fragilisé, incompris ou non désiré, et l'alarme se met à sonner. Dès lors nous commençons à reculer, à nous bagarrer ou à rejeter l'autre. La plupart d'entre nous sont des bombes à retardement attendant d'exploser — surtout dans les relations amoureuses, lorsque notre cœur et notre sens des valeurs sont sollicités. Comment être disponible pour une nouvelle personne ? Comment cesser d'être sur la défensive, craignant de souffrir à nouveau ?

Certains assurent qu'en fin de compte, il est bon d'être sur le qui-vive, d'élever des barrières de protection, de distinguer le bien du mal. Ils prétendent qu'il est imprudent d'être totalement ouvert, confiant et d'aimer dans la joie ; que le mieux que nous puissions faire est de supporter les fluctuations qui se produisent dans une relation ; qu'être ouvert et confiant, c'est pour les enfants, qui ne sont pas réalistes et n'ont pas fait l'expérience de la peine que l'amour peut causer. Mais l'amour en lui-même ne cause pas de peine. Ce sont les bagages que nous portons, les déchets que nous accumulons et auxquels nous nous accrochons qui sont la cause de notre souffrance. Cela et rien d'autre.

Nombre d'entre nous qui n'arrivent pas à connaître une relation harmonieuse vivent dans des maisons remplies à ras bord, dans lesquelles on a à peine la place de bouger. Nous avons accumulé des possessions et des souvenirs innombrables et il se trouve que ce sont souvent eux qui nous possèdent et dirigent notre vie, au lieu du contraire. Ce fouillis entrave le changement et la liberté de mouvement, à la fois dans notre monde intérieur et extérieur. On ne peut pas aimer, être confiant et présent quand on est rempli de désordre et de confusion.

LA LEÇON DU ZENDO : NETTOYER À FOND NOTRE VIE

Lorsque nous apprenons à nettoyer à fond notre maison et notre vie, à en retirer le désordre et à lâcher le passé, il se crée un espace qui permet à nos relations de respirer librement et à l'amour d'apparaître.

Dans le zendo, les élèves participent tour à tour aux différentes tâches essentielles pour le fonctionnement de l'endroit. Les zendos sont toujours magnifiquement tenus et immaculés. Ils sont aussi vides, ne contenant que ce qui est absolument nécessaire et utilisé dans le moment présent. On ne laisse rien d'autre et rien ne traîne.

Dans de nombreux zendos, le ménage exige que l'élève qui s'en charge se mette à quatre pattes, s'appuyant sur ses mains et ses genoux et, à l'aide d'un chiffon humide, frotte le sol centimètre par centimètre. Ce n'est pas un simple nettoyage, mais une forme de kinhin pratiquée avec soin et précision, en silence, avec l'attention la plus grande portée à chaque geste. L'élève est toujours directement relié à l'activité qu'il fait. Quand il agit avec une grande concentration, le chiffon, le sol et le zendo finissent par ne faire plus qu'un. En nettoyant de cette manière, beaucoup de choses sont accomplies ; entre autres, et non des moindres, le fait que l'élève s'approprie ainsi le zendo.

Le ménage englobe le balayage des sols et le nettoyage des toilettes. Chacun à son tour remplit toutes ces tâches. Personne n'est trop bien ou trop important pour se dispenser de nettoyer les toilettes ; en fait, cet endroit est considéré comme aussi important que l'autel. De même, aucune personne n'est considérée comme plus importante qu'une autre. Dans le zendo, chaque instant et chaque aspect de la vie sont révérés et pris en compte.

S'OUVRIR À L'ESPRIT D'ENFANT

Le grand homme est celui qui n'a pas perdu son âme d'enfant.

MENICUS

À mesure que nous nettoyons notre espace ainsi que notre cœur et notre esprit, nous devenons souple, léger et confiant, et une qualité d'enfant se développe en nous : on se sent rempli de fraîcheur et d'émerveillement. Les relations deviennent une véritable aventure car on n'est plus accablé par les miasmes du passé. On est prêt pour de nouvelles rencontres et réellement disponible pour l'amour. On peut aussi appeler cet état l'« *esprit d'enfant* ».

Il y a une énorme différence entre un esprit *puéril* et un esprit d'*enfant*. Beaucoup d'entre nous restent « enfantins » toute leur vie. Nous ne mûrissons pas, restant attachés aux souhaits que nous nourrissions étant plus jeunes. Même si nous avons obtenu des diplômes universitaires, dans nos relations amoureuses nous sommes encore à la maternelle. Quand on est puéril, on veut toujours être le centre de l'attention et prendre toutes les bonnes choses pour soi. On ne sait pas donner et prendre, ni faire de la place pour quelqu'un d'autre. On mène une vie d'auto-absorption, ne voulant que ce qui convient à sa propre personne.

L'esprit d'*enfant* est différent. C'est l'esprit originel avec lequel nous sommes nés avant d'être affectés par le conditionnement social et notre expérience personnelle. L'esprit d'enfant est ouvert, naturel et plein d'espoir. Il trouve la vie pleine de beauté et d'aventure et ne s'attend pas à faire mal ou à avoir mal. Il joue naturellement, aime donner et recevoir. C'est un esprit sans désordre. Il ne traîne pas des années de blessures derrière lui. L'esprit d'enfant est un esprit zen : ouvert, libre, prompt à se réjouir et à prendre plaisir aux choses. L'esprit d'enfant est la manifestation d'une vie d'amour.

Nous avons dévié du chemin tout simple qui mène à l'amour parce que nous avons négligé d'apprécier à sa juste valeur le pouvoir de sagesse et la bonté intrinsèque de l'esprit d'enfant, ou esprit originel. Si nous ne découvrons pas et ne nous lions pas d'amitié avec cette partie de nous-même, nous pouvons nous égarer dans toutes sortes de relations, mais le véritable amour ne s'installera pas ; à la place, nous vivrons de tristes compromis. Bien que le fait d'enterrer le pur plaisir soit considéré comme un signe de maturité par le monde « raisonnable », au fond de nous, nous savons que la vie a bien plus à offrir et que nous nous dévalorisons.

NETTOYEZ VOTRE MAISON À FOND

Dans la pratique du zen, l'aspect clairsemé et la propreté de la pièce dans laquelle nous sommes assis ou séjournons affecte naturellement notre état d'esprit. Il reflète également ce qui se passe en nous et en est la manifestation. Plus nous apprenons à nettoyer notre espace, à enlever ce qui n'est plus nécessaire, plus vite notre cœur pourra s'ouvrir à de nouvelles expériences. Analyser nos schémas psychologiques n'est peut-être pas aussi efficace que d'apprendre à nettoyer le sol jusqu'à ce qu'il brille, d'une propreté immaculée.

Soen Roshi, grand maître du zen d'aujourd'hui, a dit : « Dans la pratique du zen, afin de voir la beauté de notre maison, nous ne la chargeons pas de meubles ni de décorations et retirons tout ce qui n'est pas nécessaire, afin que sa beauté originelle se manifeste. » Dans la plupart des lieux, la beauté d'une pièce se juge à ce que l'on y met — mobilier, décoration, objets fabriqués. Dans le zen, la beauté et le côté vivant d'une pièce se jugent à ce que l'on en retire. Un espace clair et vide révèle sa beauté fondamentale. Quand on n'est pas distrait par un bric-à-brac inépuisable, on peut vraiment apprécier l'espace initial dans lequel on se trouve ; on peut alors voir l'unique fleur qui est posée sur l'autel, dans un simple vase.

De même, chaque personne est une fleur unique, posée sur notre chemin. Pour la voir, l'apprécier et se relier pleinement à elle, nous ne devons pas être distrait par l'infini désordre de notre esprit, nos pensées, nos souvenirs et nos attentes. Nous devons commencer par faire le vide dans notre esprit. Sinon, nous ne verrons jamais la fleur ou la personne en face de nous.

FAIRE POUSSER DES FLEURS SUR LA BOUE

On dit que la fleur de lotus, qui est d'une grande beauté, pousse sur la boue. Pour cela, il faut les deux à la fois. La boue, la saleté et les déchets de notre vie (et de la vie des autres) n'est pas quelque chose que l'on doit rejeter, considérer comme mauvais ou désagréable. Quand on fait le ménage, on plonge les mains dans la saleté, sachant que cette boue est nécessaire pour que la fleur de notre vie puisse pousser. Les difficultés que nous avons rencontrées, nos erreurs et nos chagrins, constituent les engrais. Plutôt que de se considérer, soi-même et ses erreurs, comme répréhensible, stupide ou honteux, on transforme sa souffrance en un excellent compost.

« Comment l'acte de nettoyer le sol va-t-il m'aider à oublier que mon petit ami m'a trompée ? a voulu savoir une élève.

— Contentez-vous de nettoyer et vous trouverez. Mais nettoyez à fond », fut la réponse.

L'élève répugnait à se mettre à quatre pattes pour nettoyer, et engageait d'autres personnes à le faire pour elle. Mais nul ne peut nettoyer le désordre que nous avons créé dans notre propre vie et nos relations. Il nous faut être prêt à y entrer, sans prendre les déchets en horreur ni rejeter la responsabilité sur soi ou sur l'autre, et simplement nettoyer.

Pour finir, l'élève s'est agenouillée avec circonspection et a frotté le sol avec ménagement, si bien que, quand elle a eu terminé, son aspect n'avait guère changé. Ce n'était qu'un nettoyage symbolique, et elle le savait. Du coin de l'œil, elle a vu une autre femme frotter le sol vigoureusement, tout son esprit concentré sur ce qu'elle était en train de faire. L'élève a eu honte et s'est mise à frotter un peu plus fort ; du coup, elle a ressenti encore plus de honte et de peine. Non seulement elle nettoyait le sol, mais le sol la nettoyait. Il lui récurait l'intérieur du cœur.

Lorsque nous nettoyons notre environnement extérieur, ou que nous sommes assis sur notre coussin, de nombreuses pensées s'élèvent dans notre esprit. Nous n'avons pas à lutter contre chaque souvenir qui surgit. Contentons-nous de nettoyer à fond en le laissant venir, puis repartir. Avant même de nous en rendre compte, il devient un engrais pour une nouvelle croissance.

FAIRE CE QUI A BESOIN D'ÊTRE FAIT

Dans le zendo, le ménage est un effort commun qui sert un but important. Non seulement il élargit la pratique de l'élève dans l'action, mais, concrètement, il prend soin de ce qui a besoin d'être fait. Lorsque nous nous concentrons constamment dans ce but — et agissons dans ce sens — nous avons moins le temps de ressasser les diverses façons dont on nous a fait du tort. Plutôt que de rester focalisé sur le passé, nous nous consacrons entièrement à ce que la vie nous demande dans l'instant. Cette pratique qui consiste à rester présent en nettoyant et en retirant ce qui n'est plus nécessaire laisse de la place à la nouveauté et permet à l'unique fleur sur l'autel de resplendir. Elle permet aussi à la fleur de notre vie de s'épanouir.

La même approche doit être appliquée aux relations : garder notre esprit centré sur ce qui se passe dans l'instant, s'occuper de ce qui en a besoin quand c'est nécessaire et créer un espace clair et ouvert dans lequel évoluer. Si nous agissons ainsi, le passé se résoudra inévitablement de lui-même et l'espace se créera pour des choses nouvelles.

Lorsque les problèmes surgissent, gardez votre esprit centré sur ce qui arrive dans l'instant : ne ramenez pas le passé et ne décidez pas que c'est la même chose qui se reproduit, encore et encore. Prenez soin de ce qui en a besoin dans vos relations, quand cela est nécessaire ; ne laissez pas de légers ressentiments ni des rancunes s'accumuler et échapper à votre contrôle. Communiquez-les dès qu'ils s'élèvent. Si un sujet a besoin d'être traité, faites-le tout de suite. Il y a un merveilleux proverbe zen qui dit : « Ne laissez pas de traces. » Cela signifie que vous ne devez pas laisser une situation inachevée entre vous et quelqu'un d'autre. Ne laissez pas le fouillis s'installer autour de vous. Les petits mensonges et les secrets finissent par dresser d'immenses barrières. Maintenez l'espace entre vous et l'autre propre et frais ; ce qui est bon et salutaire se manifestera de soi-même.

LA PURIFICATION

Deux moines, Tanzan et Ekido, voyageaient ensemble sur une route boueuse. Il pleuvait encore abondamment.

Après un tournant, ils se trouvèrent devant une jeune fille en kimono de soie maintenu par une ceinture en étoffe, qui était incapable de traverser l'intersection.

« Venez, jeune fille », lui dit aussitôt Tanzan.

La soulevant dans ses bras, il lui fit traverser la route.

Cette nuit-là, Ekido ne prononça plus un mot jusqu'à ce qu'ils atteignent un temple où ils furent hébergés. Là, il ne put plus se contenir.

« Nous autres moines ne nous approchons pas des femmes, dit-il. Surtout si elles sont jeunes et jolies. C'est dangereux. Pourquoi as-tu fait ça ?

— Moi, j'ai quitté la fille là-bas, répondit Tanzan. Serais-tu encore en train de la porter ? »

IN *On ne peut pas voler la lune*

En faisant le ménage à fond, nous apprenons à poser ce que nous portons. C'est aussi ce qu'on appelle la purification.

Certains se demandent pourquoi leur vie est si difficile et pourquoi leurs relations les font souffrir. Ils ne sont pas capables de trouver un(e) partenaire ou bien, s'ils y parviennent, la personne les quitte, se montre cruelle ou instable. Mais il est possible de considérer une relation comme une source de purification. Au lieu de rejeter les situations difficiles et douloureuses, il y a une autre manière de les aborder, en voyant qu'elles sont là pour nous enseigner de nombreuses leçons. La façon dont nous accueillons ces relations et y répondons peut nous permettre de nous « purifier » et d'agir différemment. Les relations peuvent être vues comme une excellente occasion de mûrir. On apprend alors une manière entièrement nouvelle d'y répondre.

Dans les situations difficiles, on est toujours tenté de ressasser la colère, la haine et la vengeance. On donne des coups, on rend le mal pour le mal. Du point de vue du zen, c'est une grave erreur. Shantideva, un grand maître tibétain, donne ce conseil : « Lorsque quelqu'un que j'ai aimé me fait de la peine et me malmène, puissé-je le considérer comme un ami très cher et sacré. »

Cela signifie que certaines personnes sont là pour nous aider à purifier notre karma (d'anciennes pensées et actions qui portent maintenant leurs fruits). Elles nous enseignent la patience, la tolérance et nous donnent la possibilité de grandir spirituellement, et l'occasion de résister à la colère et à l'esprit de vengeance, nous permettant ainsi de purifier notre karma. Nous prenons alors conscience que, quelque part, nous avons planté des graines qui ont permis à cette situation de se produire.

GUÉRIR DE LA TRAHISON

Julie, vingt-quatre ans, fraîchement diplômée de l'université, qui a travaillé dans la publicité, a connu deux relations de longue durée. Les deux hommes l'ont trompée au bout de deux ans. À présent, engagée dans une nouvelle relation, elle ne peut s'empêcher de soupçonner son nouveau petit ami, persuadée au fond d'elle-même que cette situation va se reproduire. Du coup, Julie le blâme s'il regarde d'autres femmes, parfois même quand ce n'est pas le cas. En même temps, elle sait qu'elle le bouscule, mettant leur relation à rude épreuve. Comment peut-elle échapper aux souvenirs pénibles qui ne la laissent pas en paix ?

La jeune femme s'accroche au passé et à ses souvenirs, incapable de les lâcher ni de les intégrer. Résultat : elle appréhende terriblement ce qui va se passer et ne se fie pas à sa capacité de gérer la situation. Elle ne peut faire confiance, persuadée que ses expériences passées vont se répéter, ce qui stimule l'aspect possessif et soupçonneux de son caractère. Cela a pour conséquence, non seulement d'éloigner chaque petit ami, mais de concrétiser ses pires craintes. Lorsque nous nous attendons constamment à une situation que nous ressassons, nous faisons tout pour qu'elle se produise en l'attirant à nous.

Lorsque Julie est arrivée au zendo, elle a raconté à tout le monde que son ami l'avait trompée, mais personne ne semblait intéressé. Au lieu de cela, on lui a expliqué comment nettoyer à fond le zendo. Car le problème, ce n'est pas ce qui lui est arrivé, mais tout le désordre auquel elle s'est accrochée. Elle a surtout besoin de commencer à nettoyer.

Avant de pratiquer le zen, la seule image que Julie avait des hommes, c'était celle de ses ex-petits amis. Elle projetait leurs défauts sur tous les autres et n'avait donc aucune chance de connaître la véritable personne qui se trouvait devant elle. Une fois que l'on a nettoyé à fond et que l'on s'est débarrassé de ce qui faisait souffrir, on n'en voit pas le reflet dans le monde extérieur. Plus Julie pratiquait, plus la mémoire du passé s'estompait. À mesure que les souvenirs douloureux se dissipaient, elle a créé un espace émotionnel lui permettant d'accueillir quelqu'un de nouveau dans sa vie. Elle a aussi acquis la capacité de voir l'autre avec des yeux neufs, sans le punir pour le passé et en laissant la place pour de nouvelles situations.

Avec notre corps, nous nettoyons notre environnement ; dans nos relations, nous ne cédons pas à la colère ni à l'avidité, et nous disons en substance, avec nos propres mots, ce qui suit :

> Tout le mauvais karma que j'ai créé depuis bien longtemps
> À cause de mon avidité, ma colère et ma sottise sans
> commencement,
> Issues de mon corps, ma parole et ma pensée,
> Je le reconnais à présent et le purifie.

Cette déclaration sans ambages nous aide à assumer la responsabilité de ce qui se passe dans notre vie. Il est impossible de mener une vie d'amour si nous nous considérons comme la victime malchanceuse des circonstances. Quand on s'identifie à une victime et que l'on vit de cette manière, on attire les bourreaux. Quand on se rend compte que, consciemment ou inconsciemment, on a recréé ces conditions du passé, on commence le merveilleux travail de purification. On devient conscient de sa propre avidité, de sa colère et de ses illusions sans commencement, et on s'aperçoit qu'il est temps de laisser ces sentiments s'éloigner.

LES MAUVAISES HERBES DE L'ESPRIT

Les mauvaises herbes de l'esprit sont la confusion et les nœuds qui se forment en lui. Ce sont nos peurs, notre négativité et les représentations erronées qui peuvent s'emballer si on ne les arrache pas. Ce sont ces pensées qui s'emparent de nous, recouvrent toute chose de sombres nuages et sabotent ce que nous faisons. Les mauvaises herbes de l'esprit étoufferont votre vie, l'empêchant de se développer, si vous ignorez comment les arracher rapidement.

Dans notre vie actuelle, notre esprit rationnel a la mainmise sur la plupart des fonctions qui seraient mieux servies par d'autres aspects de nous-même. En lui prêtant toute notre attention, nous avons mis notre confiance dans une petite partie de ce que nous sommes et qui est vraiment disponible en nous. Malgré l'indéniable utilité de cet esprit rationnel, il y a une chose qu'il ne peut nous empêcher de faire : créer le désordre sous diverses formes.

La pratique du zen corrige cet aspect. Elle nous montre comment acquérir la clarté en supprimant les mauvaises herbes qui étouffent notre vie. Celles-ci se développent à la fois à l'intérieur et à l'extérieur de nous. Lorsque nous nous occupons de les faire disparaître, nous ne faisons pas attention à ce qui les cause, ni à la façon dont tel problème vient en interaction de telle situation. Nous ne les analysons pas et ne les montons pas en épingle. Nous prenons simplement une mauvaise herbe pour ce qu'elle est et la retirons directement.

Mark est arrivé au zendo en proie à un indicible sentiment de culpabilité. Malgré la thérapie qu'il avait suivie, il se sentait toujours très mal dans sa peau. Quoi qu'il se passât dans sa vie, il se le reprochait. Lorsque la femme qu'il aimait le quittait, son dégoût de lui-même devenait plus profond. Elle était parfaite et lui n'était qu'une nullité, incapable de retenir personne. Il avait eu beau s'efforcer d'envisager la question de manière rationnelle, il aboutissait toujours au même point.

L'insupportable sentiment de culpabilité de Mark et l'expérience de Julie avec ses petits amis sont les mauvaises herbes qui étouffaient toute chance de vivre un nouvel amour. Plus ils y pensaient, plus elles poussaient.

Au début, Julie a eu peur d'abandonner le souvenir de ses amis infidèles. En lâchant prise, elle se trouvait insensée et vulnérable, craignant de laisser ainsi la porte ouverte au même scénario. Elle s'accrochait à ses souvenirs comme à un signal d'avertissement qui était là pour lui rappeler de ne jamais faire confiance.

Mark avait la même réaction. Plus il se sentait coupable, plus il se punissait, pensant qu'ainsi il y avait moins de risques qu'il fasse encore quelque chose de répréhensible. Il y a en fait un très étrange paradoxe dans cette notion. On s'accroche aux souvenirs ou aux émotions douloureuses en croyant que, si on ne les écarte pas, ils nous apprendront quelque chose et que les mêmes terribles situations ne se reproduiront plus.

Curieusement, c'est souvent le contraire qui se produit. Plus on se rappelle quelque chose, plus on le ressasse, le combat ou lui résiste, plus on l'attire dans notre vie. *Ce à quoi nous accordons notre attention se développe. Nous devenons le sujet de notre préoccupation.*

Pourquoi s'attacher aux aspects négatifs qui apparaissent dans notre vie ? Pourquoi ne pas simplement les nettoyer à fond ? Lorsque le souvenir du mal qu'on nous a fait reste en première ligne dans notre esprit, il crée des obstacles qui empêchent la purification naturelle que la vie opère d'elle-même. En ressassant notre problème, nous bloquons la guérison et le renouveau.

LA PURIFICATION NATURELLE

Lorsque nous abandonnons les mauvaises herbes de notre esprit, les incidents et les souvenirs pénibles, nous ne renonçons pas pour autant aux avertissements et à la sagesse. Nous permettons simplement à l'esprit originel de libérer une situation douloureuse. Au plus profond de nous, nous savons traiter toutes les situations. Tout au fond, la vraie sagesse peut prendre ce souvenir, en ôter l'aspect toxique et retenir ce qui nous est profitable. C'est une autre facette de la purification. De même que nous nous lavons les mains, le visage, les dents voire les cheveux quotidiennement, nous devons nettoyer et extraire les mauvaises herbes de notre esprit. Alors, l'esprit originel sait comment utiliser ce qui nous est arrivé pour générer une nouvelle croissance bénéfique.

Sinon, nous mènerons une vie marquée par l'esprit de revanche ou la honte, toujours sur le qui-vive dans la crainte de problèmes et de dangers à venir, nous attendant toujours à souffrir et nous préparant à riposter. En d'autres termes, nous sommes tout près de l'enfer. C'est pourquoi les relations sont considérées comme douloureuses. Ce ne sont pas nos relations qui sont intrinsèquement douloureuses, mais notre choix de vivre dans l'amertume, la peur et le ressentiment, en nous accrochant mentalement à tout ce qui nous a fait du mal, sans vouloir lâcher prise.

BON ET MAUVAIS, DÉBARRASSONS-NOUS-EN UNE FOIS POUR TOUTES

Le gain et la perte, le bien et le mal – débarrassons-nous-en une fois pour toutes.

SOSON GANCHI ZENJI, *On Believing in Mind*

Cette déclaration a été largement incomprise. Certains concluent qu'il faut faire disparaître la moralité et les notions de bien et de mal. Il n'y a rien de plus éloigné de la vérité.

En fait, il s'agit d'une instruction qui vise l'esprit qui juge, accuse et condamne tout ce qui se présente.

Elle nous rappelle que nous devons nous servir de notre esprit d'enfant et savoir que tout le monde est à la fois « bon et mauvais », et a des moments de clarté et d'autres de confusion. Une personne qui a pu faire quelque chose de très « mal » est aussi capable de faire quelque chose de très « bien ». Quand on voit et que l'on accepte la personne tout entière, l'indulgence et le renouveau ne sont pas loin.

Ce qui est décrit ici est le processus du pardon. Lorsque vous en faites une pratique quotidienne, peu à peu votre vie déborde de bonté. Celle-ci n'est pas opposée à la « méchanceté », c'est la bonté qui se manifeste quand on accepte la vie telle qu'elle est. Vous êtes alors tout près du paradis. Votre esprit originel sait comment l'atteindre.

Vimalakirti était un grand professeur du zen laïque. Un jour, il tomba malade. Plusieurs moines furent invités par leur maître à aller lui rendre visite. Comme il était connu pour sa grande sagesse et sa détermination, les moines étaient quelque peu effrayés. Néanmoins, ils se mirent en route.

Quand ils arrivèrent, ils demandèrent à Vimalakirti pourquoi il était malade.

« Je suis malade parce que tous les êtres sont malades » fut la réponse.

S'il y avait, ne fût-ce qu'une seule personne souffrante, en proie à la peur ou blessée, Vimalakirti le sentait. En ne négligeant rien — ni une tache ni une personne — nous polissons la texture de notre vie. En assumant la responsabilité de nos propres réactions au lieu de nous focaliser sur les défauts des autres, la clémence et la compassion s'élèvent naturellement. Nous ne projetons pas nos propres défaillances sur les autres ni ne les rejetons parce que nous ne pouvons les admettre en nous. En acceptant l'ensemble de l'expérience humaine, on ne se fixe pas sur un aspect d'une personne, forcément réducteur. Ainsi, jour après jour, on crée un nouvel espace pour soi-même et pour l'autre. Lorsque les verres de notre perception sont mieux nettoyés, on porte sur le monde un regard neuf. Il est alors presque impossible de s'attarder sur les défauts et les erreurs de ceux que l'on rencontre. Qui que l'on voie, où que l'on aille, tout devient une avenue sur laquelle on est libre d'aimer.

Lorsque vous serez capable de voir la personne tout entière qui se trouve en face de vous et d'accepter à la fois les éléments séduisants et difficiles qui la composent, vous ne serez plus axé(e) sur l'obscurité et la peur, mais sur la plénitude et la fraîcheur. Au lieu de vous accrocher aux souvenirs douloureux, vous vous ouvrirez aux nouvelles possibilités qui se présenteront indéfiniment. Ce qui revient à développer votre faculté de tomber et de rester amoureux(se).

les étapes de l'amour : nettoyer les détritus

1. S'ACCROCHER

À quoi vous accrochez-vous ? De quoi pensez-vous avoir absolument besoin, ne pas pouvoir vous passer, qu'adorez-vous ? Prenez un moment pour y réfléchir. (Il peut s'agir d'un objet du monde extérieur, ou d'une personne, d'un souvenir, un désir ou un rêve.) Maintenant, demandez-vous quel effet cela a sur votre vie, et de quoi cela vous tient éloigné(e). Regardez attentivement.

2. S'ACCROCHER AUX RELATIONS

Maintenant, voyez ce à quoi vous vous accrochez dans vos relations. Que trouvez-vous absolument nécessaire dans ce domaine, ce sans quoi vous ne pourriez plus vivre ? Prenez conscience que c'est un fardeau que vous portez, qui non seulement vous tient à l'écart de toutes sortes de personnes et de possibilités, mais vous rend craintif(ve) et rigide.

Renoncez à quelque chose. Au début, seulement pour une journée, et observez ce que vous ressentez sans cette chose. (Rappelez-vous que vous pouvez toujours la reprendre.) Puis essayez un autre jour. Lorsque l'on pratique ainsi, souvent on se rend compte que ce que l'on prenait pour une protection nous barrait le passage. Trouvez ce qu'il en est pour vous.

Maintenant, lâchez prise pour autre chose, en suivant le même processus. Pratiquez ainsi aussi souvent que vous en avez envie. Au fur et à mesure, vous constaterez sans doute que l'on se sent plus léger et plus heureux. Soudain, vous prenez conscience qu'il y a certaines choses dont vous n'avez pas besoin, et que vous traînez depuis l'enfance. Considérez qu'il s'agit d'une période d'exploration et de redécouverte de vos relations.

En faisant cet exercice, vous vous rendrez rapidement compte que l'espace s'est créé pour quelque chose ou quelqu'un de nouveau.

3. NETTOYER LA MAISON

Une fois chez vous, regardez longuement autour de vous. Qu'est-ce qui a besoin d'être nettoyé ou remis en ordre ? Y a-t-il une zone de désordre qui a été repoussée quelque part ? Y a-t-il des endroits de votre maison que personne ne peut voir et qui sont en mauvais état ou ont besoin d'être réparés ? Et le fouillis ? Regardez les objets que vous avez rassemblés. Combien y en a-t-il qui vous servent actuellement ? Quelle fonction ont-ils ? Quel message vous envoient-ils, jour après jour ?

Aujourd'hui, choisissez de nettoyer juste une chose. Faites-le à fond. (S'il y a du désordre, ne serait-ce que dans un tiroir, retirez-en la moindre parcelle. Si c'est une casserole qui a besoin d'être récurée, suivez le conseil de Soen Roshi.) Il n'est pas recommandé de vouloir répondre à toutes les demandes à la fois. Si vous choisissez de faire juste une tâche par jour, vous constaterez avec étonnement à quel point vous vous sentez mieux au bout d'une semaine, de deux, puis de trois.

Effectuez ce ménage en pleine conscience de chaque geste, lentement, à fond. Percevez qu'en nettoyant votre espace extérieur, vous nettoyez aussi votre monde intérieur.

4. UNE SIMPLE TACHE

Quelle est *la* tache de votre vie, cachée quelque part, hors de vue, qui a besoin d'être nettoyée ? Prenez le temps de la reconnaître. (Remarquez aussi ce que représente cette simple tache dans votre relation, et que personne ne va mentionner.) Notez l'effet qu'elle peut avoir sur toute votre vie. Laissez-la un moment en pleine lumière et examinez-la. Reconnaissez que ce n'est pas si terrible, ni si difficile à nettoyer. Commencez à la frotter aujourd'hui, juste un peu. Si vous procédez ainsi régulièrement, jour après jour, rapidement, cette tache perdra son pouvoir sur vous et vos relations.

5. UN ESPACE OUVERT

Quel espace ouvert, vide et propre pouvez-vous tolérer ? À quel point êtes-vous attaché(e) aux objets de votre vie, au fouillis ? Prenez le temps d'y réfléchir. Que font ces objets pour vous ? Un petit enfant aime s'accrocher à sa couverture, sa casquette, son biberon ou sa maman pour se sentir en sécurité. Qu'est-ce qui vous fait vous sentir en sécurité ? C'est une très vaste question que nous poserons sous diverses formes tout au long du livre. C'est une question cruciale à vous poser pour ce qui concerne les relations. À moins de vous sentir en sécurité en vous-même, les relations risquent de n'être qu'un « doudou » pour vous. Cela va à l'encontre de la joie très vive de pouvoir tomber (et rester) amoureux.

Aujourd'hui, décidez de vous sentir en sécurité dans votre relation. Rendez-vous compte que vous êtes quelqu'un qui en vaut la peine, que votre partenaire reste ou qu'il s'en aille. Prenez conscience du fait que vous pouvez avoir une vie pleine et heureuse avec ou sans cette personne particulière. En fait, il est essentiel pour vous d'agir ainsi. Ne vous appuyez pas sur votre partenaire pour une question de sécurité. Trouvez la source véritable de votre sécurité, maintenant.

chapitre 6

ÊTRE LE PORTIER

(être là pour les autres)

Renoncez, messieurs, à votre air fier, à vos nombreux souhaits, vos manies et vos exigences extravagantes. Ils ne vous feront aucun bien.

C'est tout ce que j'ai à vous dire.

LAO-TZU

TOUT LE MONDE VEUT ÊTRE IMPORTANT. Nous voulons tous être bien accueillis, appréciés et désirés. En fait, lorsque nous recevons cette approbation de quelqu'un, le moment de félicité qui s'ensuit est souvent pris à tort pour de l'amour. Nombre d'entre nous se mettent à avoir terriblement besoin de cette personne, de ce qu'ils ressentent en sa présence. Pourtant, ce dont nous avons besoin, souvent, ce n'est pas de l'autre personne. Nous avons besoin de la sensation de félicité procurée par l'ego, la sensation temporaire d'être quelqu'un de merveilleux. On n'est pas vraiment amoureux de l'autre, on est simplement tombé amoureux d'une belle image de soi et la réussite de notre relation se mesure à l'intensité de la sensation d'être quelqu'un de spécial.

Il est important de prendre le temps de voir ce qui compose cette *félicité*, pourquoi certains la recherchent si ardemment, et combien elle est radicalement différente du véritable amour.

LA FÉLICITÉ GRÂCE À L'APPROBATION DES AUTRES

> Nous attribuons plus de crédit à la façon dont les autres nous voient qu'à celle dont nous nous voyons nous-mêmes. C'est nous voir comme un objet et perdre le cœur de ce que nous sommes vraiment.
>
> JEAN-PAUL SARTRE

La plupart des gens sont « accros » au plaisir qu'ils tirent de l'approbation des autres. Dès le berceau, on nous enseigne toutes sortes de trucs pour recevoir amour et attention. L'idée qu'il faut toujours donner une bonne image de soi pour être digne d'amour reste ancrée pour toujours chez beaucoup d'entre nous. Nous nous comportons souvent différemment en fonction de notre public, ou disons le contraire de ce que nous pensons, achetons les vêtements qu'il faut acheter, conduisons une belle voiture et cherchons un(e) partenaire qui nous mette en valeur lorsque nous marchons ensemble dans la rue. Plus nous obtenons l'approbation des autres, plus nous pensons être quelqu'un de valable. Très peu se rendent compte que c'est là un des plus grands obstacles à l'opportunité de tomber réellement amoureux et de le rester.

Une partie de notre félicité provient du regard de l'autre. Mais c'est une épée à double tranchant. Si notre entourage nous regarde avec des yeux remplis de louanges, nous nous sentons confiant. S'il nous regarde d'un œil critique ou plein de déception, nous éprouvons la même déception envers nous-même. Et si les autres ne nous regardent pas du tout, nous avons l'impression de ne pas exister.

Lorsqu'on n'a la sensation d'être soi qu'à travers le regard des autres, on est sûr de la perdre tôt ou tard. La personne qui nous admire le plus peut soudain changer d'avis sur nous du jour au lendemain. Ou bien nous allons peut-être développer des qualités qui ne lui conviennent pas. Toutes sortes de circonstances peuvent apparaître pour rompre l'équilibre et nous faire perdre cette merveilleuse sensation d'être quelqu'un.

C'est précisément pourquoi les relations commencent souvent de façon merveilleuse et se mettent à chanceler au bout de quelques mois. À mesure que les partenaires révèlent divers aspects de leur personnalité, ils se regardent avec des yeux neufs. La critique se développe. Le frisson d'excitation généré par leur indéfectible adoration se dissipe comme l'air d'un ballon qui se dégonfle. Le fait de perdre ce frisson, bien que ce soit douloureux et souvent choquant, n'est pas si terrible. Quand nous aimons quelqu'un parce qu'il nous adore, inutile de dire que ce n'est pas de l'amour. Ce n'est pas sain et il est probable que cela ne durera pas longtemps.

> Un singe assis au bord d'une mare vit le reflet de la lune dans l'eau. Ravi, il tendit le bras et l'enfonça dans l'eau, faisant des éclaboussures. Plus il barbotait, plus le reflet lui échappait, éparpillé par les ondes. Le singe ne sut jamais qu'il s'agissait d'un reflet. Désespéré de ne pouvoir toucher la lune, il se jeta dans l'eau et se noya. Si seulement il s'était arrêté un moment de tout éclabousser et avait levé les yeux, il aurait pu voir la véritable lune dans le ciel.
>
> HISTOIRE ZEN

Quand nous arrêterons de barboter dans l'eau de l'amour, abandonnerons notre désir fou d'approbation et cesserons de chercher notre propre reflet dans les yeux de notre partenaire, nous commencerons à découvrir qui nous sommes vraiment. À partir de là, il ne restera plus qu'un pas ou deux à faire pour tomber facilement amoureux.

Dans la pratique du zen, chaque personne est la bonne personne à aimer, simplement telle qu'elle est. Le sens du soi qui ressort à travers la pratique est différent. Il est basé sur ce qui est réel et durable, et non sur quelque chose que l'on peut toujours perdre. Dans le zen, notre être véritable est aussi appelé « l'homme vrai et inclassable ». C'est l'être véritable qui ne dépend pas de l'approbation ni de circonstances extérieures pour se sentir entier et joyeux. Il va son chemin par tous les temps, sans inquiétude.

LA LEÇON DU ZENDO : ÊTRE SIMPLEMENT PRÉSENT

Ce qui est naturel est juste.
Ce qui est facile est juste.
Être soi-même est juste.
Être soi-même est tout ce que l'on peut
Réellement être.
Tout le reste n'amène qu'à s'égarer.

BHAGWAN SHREE RAJNEESH

Une des tâches les plus importantes à remplir au zendo, bien que beaucoup ne s'en rendent pas compte, consiste à être le portier. C'est un poste que l'on tient à tour de rôle, si bien que les individus changent selon les soirs. Le portier se tient debout à la porte du zendo, tranquillement et discrètement, regardant le plus souvent par terre. Quand quelqu'un arrive, parfois il (ou elle) hoche la tête, mais le plus souvent il ne fait rien. Si la personne qui entre lui pose une question, par exemple pour savoir où mettre ses chaussures ou son sac, il s'en occupe rapidement. En dehors de cela, il y a très peu d'interaction.

Le portier n'affirme pas sa personnalité. Il ne demande rien à la personne qui entre et assure simplement une présence à la porte. Cette présence dit à la personne qui arrive qu'elle n'est pas seule ; qu'elle ne débarque pas de manière désordonnée dans un endroit qui n'est pas prêt pour la recevoir. Il y a quelqu'un pour l'accueillir. Elle lui dit aussi que, comme le portier, elle n'a pas besoin de faire toutes sortes de simagrées pour être acceptée. Elle entre exactement comme elle est.

De nombreuses personnes ont l'habitude de donner, encore et encore, de guetter le moindre changement d'humeur de l'autre et ses moindres besoins, anticipant ses désirs. Il n'y a rien qu'elles ne puissent faire pour que les autres soient heureux, pour les empêcher de partir. Rien qu'en apercevant quelqu'un qui vient les voir, elles entrent dans une activité frénétique en s'efforçant de lui faire plaisir. Elles ne se rendent pas compte à quel point elles mettent les autres mal à l'aise. Il faut qu'elles s'arrêtent pour demander aux autres s'ils veulent ce qu'elles leur donnent. Leur soif d'approbation alimente le moindre de leurs actes.

Margaret était désemparée parce que sa tactique ne marchait pas. Elle avait beau donner tout ce qu'elle pouvait, au bout du compte, les hommes de sa vie la quittaient. Elle n'avait pas conscience qu'en fait, elle ne donnait pas vraiment et ne se rendait pas compte de la pression qu'elle leur faisait subir en se comportant ainsi. Inconsciemment, elle attendait des autres qu'ils la traitent comme elle les traitait, qu'ils se sentent redevables, ce qui les empêcherait de partir. Alors que Margaret croyait donner, elle ne faisait que tisser une toile pour tenter de contrôler la situation.

Dans leurs relations, ces personnes sont en fait des chiffes molles qui vivent focalisées sur les autres dans la crainte de ne pas être aimées. Ne sachant pas qui elles sont réellement, elles n'ont aucune idée de ce qu'elles ont vraiment à offrir. Prises dans ce processus, elles ne se rendent pas compte à quel point elles s'éloignent d'elles-mêmes.

LE PLUS BEAU DES CADEAUX

En se tenant là en silence, à l'écoute de sa propre respiration et en servant les autres par le simple fait d'être là, le portier ne peut rien exiger. La personne qui entre n'a pas à lui faire plaisir, à faire attention à lui ni à lui rendre un sourire ou des salutations par trop appuyées. La personne qui arrive a le droit d'être là, simplement, telle qu'elle est. C'est le plus beau cadeau que le portier puisse faire à un visiteur, bien qu'il faille un certain temps pour s'en apercevoir.

La manière dont nous entamons une relation est d'une importance cruciale. Est-ce que nous tombons mal ? Y a-t-il quelqu'un qui attend à la porte ? À l'intérieur, l'espace a-t-il été préparé ? La personne est-elle prête ? Est-ce le bon moment ? Exige-t-elle que nous nous comportions d'une certaine façon, ou y a-t-il assez de place pour que nous soyons nous-même ?

Tous ceux qui débutent une relation doivent savoir dans quoi ils se lancent. La façon dont une relation commence vous dit souvent tout ce que vous avez besoin de savoir sur ce qui suivra. Ne négligez pas les prémices. Faites attention aux détails et à l'atmosphère du moment. Écoutez ce que la personne vous dit sur elle et ce qu'elle souhaite. Beaucoup « zappent » les premiers échanges, persuadés qu'ils pourront changer, voire modeler l'autre avec le temps.

Quand on prête attention aux débuts d'une relation, les possibilités offertes sont sans limites. Nous ne voyons pas l'autre comme un objet dont la fonction est de nous rendre heureux ou de satisfaire nos désirs insatiables. De la même manière, nous ne sommes pas là pour servir d'objet. L'autre a le droit d'exprimer toute sa personnalité, et nous avons le droit de garder la nôtre. Contrairement au singe barbotant dans la mare, nous ne nous accrochons pas à l'autre pour qu'il nous remplisse ou donne un sens à notre vie. Nous sommes simplement là pour être ensemble.

En instaurant une situation de sécurité, d'acceptation et de grand respect, nous permettons aux vieux modes de fonctionnement de se dissiper et créons de l'espace pour un nouvel amour.

Margaret, assistante sociale de trente-quatre ans, a toujours vu ses relations se terminer de la même façon. Elle se retrouvait toute seule afin d'être là pour ses petits amis, pour les écouter quand ils avaient des problèmes et assister aux événements qui avaient de l'importance pour eux. Seulement, quand il fallait qu'ils soient là pour elle — même pour un événement mineur — ils la décevaient inévitablement et s'en tiraient avec une excuse toute faite. Ses relations étaient à sens unique, et elle ne les voyait pas changer. Mais il lui semblait que c'était ce qu'il fallait faire pour être aimée.

Margaret ne comprenait pas l'importance d'être vraiment là pour l'autre, confondant une servilité masochiste avec le don réel. Un thérapeute aurait pu en conclure qu'elle ne se sentait pas digne de recevoir quelque chose dans une relation. Elle éprouvait sans doute inconsciemment un immense sentiment de culpabilité et estimait devoir être punie et dépossédée plutôt qu'être aimée par son partenaire.

Cette jeune femme n'est pas la seule à être ainsi. Beaucoup, qui ne sont pas bien dans leur peau, ont tendance à jouer un rôle dans leur relation, quoi que cela leur rapporte. Beaucoup, se sentant coupables de recevoir de l'amour dont ils s'estiment indignes, sont punis dans leurs relations. Cela leur ôte leur sentiment de culpabilité et équilibre les plateaux de la balance. Le sacrifice de soi est le prix à payer pour obtenir l'amour qu'ils meurent d'envie de recevoir.

Margaret s'est battue contre son sentiment de culpabilité et d'indignité, s'efforçant de le surmonter en se disant qu'elle était quelqu'un de bien. Elle a répété, encore et encore, des affirmations du genre : « Je suis quelqu'un de bien, je mérite l'amour. » Elle a développé une nouvelle sensation d'être, essayant de devenir une autre personne, quelqu'un de différent, digne d'être aimé. Il lui a fallu faire de grands efforts pour maintenir cette nouvelle identité, en ne permettant pas à son être véritable d'exister. Elle croyait que, si elle parvenait à se voir comme quelqu'un d'estimable, l'homme qu'il lui fallait entrerait dans sa vie.

À ce stade, Margaret ne comprenait pas qu'elle n'avait besoin de rien ajouter. Elle méritait d'être aimée telle qu'elle était, sans avoir à créer un faux personnage. L'amour n'avait rien à voir avec le fait de guetter l'approbation dans les yeux des autres.

Lorsque Margaret est arrivée au zendo et s'est vu attribuer le rôle de portier, elle s'est libérée de l'obligation de présenter une fausse image au monde extérieur, et du même coup, elle a libéré les autres. Par sa présence naturelle, en ne s'imposant pas et en ne jugeant pas les autres quand ils arrivaient, elle leur apportait tout ce dont ils avaient besoin.

ÉRADIQUER LA PEUR DE L'ABANDON

Des personnes différentes réagissent au rôle de portier de différentes manières. Bob avait terriblement peur de se sentir seul. Quand il a tenu le rôle de portier, il s'est trouvé ridicule. « Je me sentais minable, raconte-t-il, de me tenir là sans les regarder, leur sourire ou les réconforter. J'avais l'impression de les ignorer, de les laisser se débrouiller tout seuls. »

Il a eu beau faire tout son possible pour quitter son poste, le maître du zen a insisté pour qu'il continue. En fait, il a dû y passer deux fois plus que les autres.

« J'ai l'impression d'abandonner tout le monde, se plaignait-il.

— Eh bien, abandonnez-les », a répondu le maître.

Beaucoup craignent à la fois d'abandonner les autres et d'être abandonnés. Toutes leurs relations tournent autour de cette peur. Lorsqu'ils tiennent le rôle de portier, cet aspect est nettement mis en évidence. Que signifie être réellement là pour l'autre, ou le satisfaire ? Cela veut-il dire que l'on doit répondre à tous ses désirs et ses besoins, en prétendant être quelqu'un que l'on n'est pas ?

En étant portier, nos illusions sur nous-même et les autres nous apparaissent clairement. Toutefois, nous n'agissons pas sur les émotions, nous restons simplement centré sur ce que l'on nous demande. En étant concentré sur cette tâche, les sentiments douloureux se manifestent, puis s'éloignent d'eux-mêmes. Bob n'a pas tardé à comprendre qu'il n'abandonnait personne en étant avec lui-même. Il a constaté combien, en agissant ainsi, il libérait tout le monde, et en même temps combien c'était enrichissant pour lui. Peu à peu, il s'est rendu compte que sa peur d'être abandonné et d'abandonner les autres avait dirigé sa vie.

Lorsque vous avez l'impression d'abandonner quelqu'un en étant qui vous êtes, ou que vous n'êtes pas assez bien pour lui, prenez conscience que ce n'est qu'une illusion. Vous êtes largement assez bien. Si votre partenaire veut autre chose, cela ne rejaillit pas sur vous, mais sur ses besoins et ses fantasmes. Vous tortiller jusqu'à prendre la forme d'un bretzel pour répondre au fantasme d'un autre ne fait que déformer votre propre être et à la longue, ne satisfait jamais l'autre, de toute façon. Il est tout à fait possible qu'une relation ne convienne pas ou que deux individus ne s'accordent pas, mais au bout du compte, une personne ne peut jamais être la cause de la solitude d'une autre.

COMPRENDRE LA SOLITUDE

C'est dans les moments de vie sociale que nous voyons
Combien nous sommes éloignés l'un de l'autre.

PAUL TILLICH

La seule véritable solitude provient de l'abandon de soi, lorsque l'on n'est pas vraiment qui on est. On se tourne alors vers quelqu'un d'autre pour se sentir plein. Quand on opère de cette façon, quel que soit le nombre de personnes qui évoluent dans notre monde, on se sent seul et abandonné.

La solitude, ou un sentiment d'aliénation et d'incompréhension, constitue le premier motif de plainte que l'on entend au sujet des relations. De nombreuses femmes se sentent seules avec leur époux, même quand ils se trouvent ensemble dans une pièce. Les individus se plaignent souvent que leur partenaire ignore qui ils sont vraiment ; la communication est à sens unique, ou n'existe pas du tout. Il y en a qui passent des heures à se demander ce que leur partenaire pense vraiment ou ce qu'il a voulu dire. Certains assurent que leur partenaire ne peut tolérer qu'une certaine dose d'intimité, pas plus. Il (ou elle) est proche un instant, puis se met à se retirer. Ce manège amène certaines personnes à se demander continuellement quand et comment elles doivent en descendre.

« Il n'y a rien de pire que d'être avec quelqu'un que vous aimez et de se sentir seul », disait Marsha après avoir partagé la vie de Doug pendant trois ans. « Je l'aime, je ne veux pas le quitter, mais ces temps-ci, je me sens plus seule avec lui que quand je suis sans lui. » Il est courant de croire que, quand on est proche de quelqu'un et que l'on s'entend bien avec lui, notre sensation de solitude s'évanouit. Du point de vue du zen, c'est une idée tordue car, bien que cette sensation soit masquée par les moments où l'on se sent proche de son (sa) partenaire, elle n'a pas vraiment disparu et se manifestera de nouveau dès que les conditions changeront. Plus on tente de la fuir, plus elle demeure.

Marsha reste avec son partenaire parce que tout lui paraît mieux que d'être seule. Elle ne peut pas supporter l'idée que, si elle s'en va, elle ne pourra jamais retrouver quelqu'un. Or paradoxalement, dans cette triste situation, Marsha est seule malgré sa relation.

La présence physique de l'autre ne fait que masquer ce qui se passe. En confondant isolement et solitude, beaucoup d'entre nous commettent une erreur fondamentale.

Pour la plupart des étudiants du zen, le plus dur consiste à s'asseoir seul sur un coussin. Même si le zendo est rempli de monde, à moins d'avoir un rapport personnel avec eux, ils se sentent seuls et vides. Ils doivent constamment lutter contre l'envie de se retourner, de regarder ceux qui sont assis près d'eux ou de leur parler. Mais ils doivent apprendre à être complètement dans le sens de la vacuité et de la solitude avant de pouvoir avoir une véritable relation.

Au lieu d'échapper à la solitude en agissant les uns sur les autres, les étudiants du zen s'en font une amie en s'asseyant sur leur coussin et en découvrant ce qu'elle est vraiment. Ils commencent à goûter la solitude fondamentale de la condition humaine : les saisons changent, le temps passe et ceux que l'on aime quittent notre vie. C'est ce que l'on appelle la douleur du transitoire. Toutefois, on peut changer ce sentiment d'isolement en solitude amie. Il y a un monde entre les deux.

PASSER DE L'ISOLEMENT À LA SOLITUDE

Balayer le jardin du temple
La voix de l'automne
S'approfondissant de jour en jour.
SOEN ROSHI

Pour surmonter la douleur du transitoire, nous devons apprendre la différence entre le fait de se sentir isolé et d'être seul. À moins que l'on puisse être seul avec soi-même, à moins de pouvoir se reconnaître et se tenir compagnie à soi-même, d'être en harmonie avec les changements que la vie occasionne, quel que soit le nombre de personnes qui se trouvent avec nous, on se retrouve toujours solitaire.

Cela ne veut pas dire que l'on doive se transformer en reclus ou en ermite, ni devenir quelqu'un qui rejette toute compagnie. C'est exactement le contraire. On doit simplement apprendre à devenir entier et complet avec soi-même, à être libre d'avoir ou non un compagnon ou une compagne, libre de dépendre de soi, de savoir qui l'on est, sans être entraîné par les autres, mais en marchant sur ses deux pieds de son plein gré sur notre précieuse terre.

Lorsque vous êtes capable de faire cela, vous n'avez pas à protéger une fausse image de vous-même pour vous sentir « aimable ». Tout dans la vie devient alors précieux pour vous, parce que vous acceptez et chérissez votre être véritable. Lorsque vous êtes capable de devenir votre propre compagnon, les relations deviennent de merveilleuses aventures, et non quelque chose auquel vous vous accrochez pour survivre. Maintenant, vous pouvez vraiment aimer tous ceux qui se présentent devant vous. Vous pouvez voir qui ils sont, les apprécier, les enchanter. Vous pouvez partager votre plénitude avec eux, et quand le moment de se séparer est arrivé, vous pouvez les laisser partir naturellement.

les étapes de l'amour : le simple soi

1. LES MOMENTS LES PLUS IMPORTANTS

Arrêtez-vous un instant et soyez conscient(e) des moments et des aspects les plus importants dans vos relations. Soyez honnête avec vous-même. De quoi avez-vous terriblement envie dans vos relations ? Qu'est-ce que cela vous fait éprouver à votre sujet ? Que ressentez-vous ?

Cet exercice nous montre ce qui soutient nos relations. Lorsque nous cessons de les utiliser dans le but d'une confirmation personnelle, nous commençons à bâtir une relation honnête et durable avec notre être véritable.

2. LES DEMANDES DES AUTRES

Qu'exigez-vous des autres pour qu'ils aient le droit d'entrer dans votre vie ? Quel genre de personne ou de comportement est inacceptable pour vous ? Cela ne veut pas dire que vous permettez à tout le monde et n'importe qui de pénétrer dans votre monde. C'est juste pour vous faire prendre conscience de ce que vous acceptez ou non — de ce qui vous amènera à cesser une relation. Vous vous rendrez également compte de ce que, consciemment ou inconsciemment, vous attendez de votre partenaire et de vous. Voyez si votre liste est raisonnable, et si elle correspond entièrement à ce que vous souhaitez qu'elle soit. Voyez de quelle manière vos exigences diminuent ou élargissent les possibilités pour vous, et si vous pouvez renoncer à certaines d'entre elles.

3. FAIRE DES CADEAUX

Quels cadeaux faites-vous aux autres dans vos relations ? Que donnez-vous inutilement et qui peut ne pas être désiré ou apprécié ? Réfléchissez quelques instants à ce qui motive votre don, ce que vous espérez recevoir en retour.

À présent, demandez-vous ce que vous avez à donner facilement et naturellement — une partie de ce que vous êtes. Cela est-il suffisant ? Est-ce bienvenu ? Pouvez-vous choisir d'avoir une relation avec ceux qui veulent ce que vous avez à offrir, ceux qui apprécient vos dons particuliers ?

4. ÊTRE LÀ

De quelles manières êtes-vous prêt(e) à être le « portier » de votre relation ? Comment êtes-vous prêt(e) à ne pas vous imposer ni empiéter sur la vie de l'autre, à être simplement disponible pour lui tel qu'il est ? Faites une liste de vos réponses et parcourez-la. Puis, chaque jour, voyez si vous pouvez faire la même chose pour quelqu'un d'autre. Laissez la personne être simplement là — tout un monde en elle-même. Et accordez-vous le droit d'être là aussi, avec votre propre monde. Ne restez pas en arrière quand ces personnes apparaissent. Ne les laissez pas en arrière non plus.

Examinez ce que vous ressentez quand vous vous comportez de cette façon, et voyez comment les autres réagissent. Au début, cela peut vous paraître étrange, mais poursuivez cet exercice pendant quelque temps. De grandes surprises pourraient se faire jour.

5. ÊTRE ISOLÉ ET ÊTRE SEUL

Quand vous sentez-vous isolé dans votre vie ? Comment y faites-vous face ? Il est très important d'en prendre conscience. Êtes-vous prêt(e) à en faire l'expérience directe ? Si vous êtes capable de l'expérimenter pleinement, votre sensation d'isolement se changera en une solitude amie. Sur cette base, vous

vous sentirez fort(e). Toutes sortes de relations sont alors possibles.

Nous sommes constamment appelés à être
ce que nous sommes.
HENRY DAVID THOREAU

chapitre 7

CUISINER

(nourrir les autres et soi-même)

S'occuper des choses rend le monde entier vivant.

UCHIYAMA ROSHI

C'EST UNE SENSATION DÉLICIEUSE que de se nourrir de ses relations. Nous projetons sur nos partenaires un désir ardent et une faim de toutes sortes d'éléments constituant notre subsistance émotionnelle : chaleur, gentillesse, appréciation, moments passés ensemble. Tant que cette nourriture est apportée, nos relations nous plaisent et nous nous sentons en sécurité. Mais quand ce n'est plus le cas, ou que la quantité diminue, certains feront n'importe quoi pour être rassasiés. Il y en a qui se mettent en chasse de nouveaux amours, d'autres qui supplient leur partenaire de les nourrir. D'autres encore se résignent à vivre en étant au régime sec. Quelques-uns se recroquevillent sur eux-mêmes et meurent de faim.

Dès notre naissance, nous associons le fait d'être nourri à celui d'être aimé. Lorsque nous crions, notre mère vient nous alimenter et s'occuper de nous, ce qui nous procure un sentiment de sécurité. Si la nourriture dont nous avons besoin se fait attendre trop longtemps, nous croyons qu'elle ne nous aime pas ou qu'elle la retient pour nous punir. Le monde est peu accueillant et notre survie est peut-être en jeu. Certains ne savent jamais quoi faire pour obtenir l'amour et la nourriture dont ils ont besoin.

ÊTRE NOURRI

Ce paradigme primordial peut se poursuivre pendant toute une vie. À la fois les hommes et les femmes perçoivent souvent leur partenaire de la même façon qu'ils perçoivent leur mère, et ils attendent de leur relation qu'elle les nourrisse. Dans certaines relations, les rôles de la mère et de l'enfant sont alternés. Dans d'autres cas, l'un joue constamment le rôle de la nourrice et l'autre le rôle de celui qui est alimenté. Certains retiennent leur amour afin de pouvoir faire ce qu'ils veulent de leur partenaire. D'autres le nourrissent à la demande pour le rendre heureux, puis se sentent vidés, trouvant leur partenaire insatiable. Le sexe est souvent utilisé de cette manière. Pour beaucoup, il constitue une source fondamentale de nourriture émotionnelle, procurant la sensation d'être aimé, voulu et nourri. Lorsqu'on le rationne, le partenaire affamé est anéanti.

Nombreux sont ceux qui ne savent pas s'ils ont le droit de « vouloir plus » de leurs relations. Sont-ils trop avides ? Est-il possible que, quoi qu'on leur donne, ils ne s'estiment jamais heureux ni rassasiés ? Ou bien souffrent-ils d'une indigestion émotionnelle, de l'incapacité de prendre et d'absorber entièrement ce qui leur est offert ? De tels doutes s'élèvent souvent dans les relations. Beaucoup ont du mal à mesurer ce qu'ils reçoivent exactement et à comprendre pourquoi ils continuent à être insatisfaits.

La plupart n'ont pas conscience des nombreuses sortes de nourriture émotionnelle que l'univers fournit en abondance. Comme dans l'enfance, ils se fixent sur une personne, qu'ils perçoivent comme leur unique source de bien-être. Ils transfèrent cette attitude désespérée dans leurs relations, croyant qu'ils ne peuvent être nourris que par cette seule personne.

Afin de comprendre la réelle dynamique des relations, comment tomber et rester amoureux, nous devons assimiler le véritable processus de l'alimentation : cuisiner et être nourri.

Le premier point à remarquer est notre forte tendance à vouloir *recevoir*. On a le sentiment que, pour se sentir rassasié, il faut être nourri. C'est ce que ressent le tout jeune enfant : nourrissez-moi et tout ira bien.

Lester, un homme d'une soixantaine d'années, s'est inscrit à une agence de rencontres et, en raison de son âge, son comportement plein d'entrain et sa grosse Cadillac jaune, il a fait beaucoup de rencontres. Après chaque rendez-vous, on lui demandait de raconter sa soirée mais, pendant longtemps, Lester n'a pas eu grand-chose à en dire. Un jour, enfin, l'agence a eu droit à un compte rendu enthousiaste. « Quelle soirée ! » a-t-il raconté. « Cette femme est tout ce que j'ai toujours désiré. Elle m'a invité à dîner chez elle, et qu'est-ce qu'elle m'a montré quand je suis arrivé ? Un congélateur rempli de steaks ! » Pour Lester, c'était le paradis : il se voyait nourri pour le restant de ses jours.

Certaines relations sont uniquement basées sur ce type d'échange, mais, tôt ou tard, notre réserve de steaks peut commencer à diminuer. Nous devons avoir conscience qu'il y a toutes sortes de nourritures — émotionnelles, mentales et spirituelles — qui sont nécessaires dans une relation complète. Une vie remplie de steaks risque de ne pas être satisfaisante. À mesure que nous allons vers la maturité, de nombreuses autres considérations doivent être prises en compte. Il est important de s'arrêter un moment et de prendre le temps de reconnaître exactement quelle sorte de nourriture nous consommons dans notre relation. Est-elle saine ? Est-ce le genre d'aliment que nous pouvons digérer ?

VOULOIR UN AUTRE PLAT

Nous devons apprendre à reconnaître, goûter et digérer la nourriture que nous recevons. Bien que le style « fast-food » puisse avoir bon goût et donner une impression de satiété, il peut aussi produire des effets secondaires indésirables. Il en va de même de nos relations. Si notre partenaire nous fournit une nourriture initialement chaude et épicée, elle peut aussi par la suite causer des brûlures et éroder notre sensation de bien-être. Nous pouvons manger toute la journée, mais si nous ne goûtons ni ne digérons ce que nous avalons, nous ne recevrons jamais la nourriture dont nous avons besoin. De même, nous pouvons rester éternellement avec quelqu'un, si nous ne goûtons pas ce qu'il est vraiment et ne prenons pas ce qu'il offre, comment cette relation peut-elle être satisfaisante ?

Clea a passé tout son temps à vouloir changer Arnold. « Il a tant de côtés merveilleux », disait-elle. « Mais il ne parvient pas à apaiser ma faim. J'ai besoin de plus d'excitation, j'ai besoin de romance. Sans cela, je m'étiole. » Plutôt que de se tourner vers une autre relation qui pouvait lui procurer « l'excitation » qui, pensait-elle, lui manquait, elle est restée avec Arnold, se sentant insatisfaite et délaissée.

C'est comme si Arnold était un pommier qui lui donnait des pommes fabuleuses alors qu'elle n'avait envie que de poires. Mais, au lieu de se diriger vers un poirier et de cueillir ses fruits, elle pestait contre le beau pommier qui ne pouvait produire de poires malgré tous ses efforts. Vous ne changerez jamais un pommier en poirier. Si vous n'appréciez pas les pommes et n'avez faim que de poires, vous devez trouver un poirier.

Toutefois, certains et certaines d'entre nous ont tendance à être perpétuellement insatisfaits(tes). Nous ne pouvons prendre ce que l'on nous donne et dire simplement merci. Pour pouvoir mener une vie d'amour, nous devons apprendre à accepter ce qui nous est donné et à remercier en retour. Parce qu'aucune nourriture (ou relation) n'est complètement digérée, nous devons être capable de trier ce qui est précieux et d'éliminer les déchets. Si nous passons tout notre temps à vouloir changer la personne, rejetant ses qualités fondamentales et n'appréciant pas ce qu'elle peut donner à la base, c'est une recette infaillible pour attraper la nausée.

Il y a des relations qui forment un mélange de plaisir et de désespoir, constitué de ce que nous aimons et de ce à quoi nous sommes allergique. Sommes-nous capable d'absorber ce qui nous est utile et d'écarter le reste ? Certains individus y parviennent. Beaucoup en sont incapables. Il faut qu'ils avalent tout, même si leur corps réagit négativement. Ils ne se contentent pas de manger la pomme, ils la mastiquent en avalant les pépins, le trognon et la queue. Idem pour les relations. Devons-nous absorber tout ce que l'autre nous propose ? Pouvons-nous prendre la beauté et la valeur de ce qui est offert, et éluder ce qui n'est pas précieux ? Un tel discernement nécessite un haut degré de maturité. Il faut beaucoup de bonne volonté pour apprendre à apprécier le fruit en éliminant les pépins.

Pour y parvenir, nous avons besoin de savoir ce que nous recevons de la personne, ce qui nous est utile et précieux ou non. Ensuite, nous devons être capable d'éliminer ce qui n'est pas sain pour nous et de jouir de ce qui l'est. Cela demande une grande faculté de discernement, afin de savoir qui nous sommes, ce dont nous avons besoin et aussi qui est l'autre et ce qu'il (elle) est en mesure de donner. Si certains aspects de la personne ne sont pas en accord avec notre système, cela ne signifie pas que nous ne puissions pas apprécier les parties qui nous correspondent. C'est une erreur que de s'attendre à ce que tous nos besoins soient satisfaits par une seule personne ou une seule relation. Faites honneur à ce que vous recevez et soyez reconnaissant pour cela. Ne devenez pas amer en vous focalisant sur ce que l'autre n'est pas capable de vous donner.

LA LEÇON DU ZENDO : LE TENZO (LE CUISINIER DU ZENDO)

C'est une chose que d'apprendre à trouver les bons aliments, à les absorber et les apprécier. Mais pour recevoir toute la nourriture dont nous avons besoin, nous devons aussi apprendre à devenir cette nourriture, à nourrir les autres.

Au zendo, le cuisinier est appelé le *tenzo*. Pendant les retraites, il prépare tous les repas. Son travail est au centre de sesshin, c'est-à-dire de la retraite, qui peut durer un jour, trois jours, une semaine, voire même trois mois. Durant cette période, les étudiants se lèvent à 4 ou 5 heures du matin et pratiquent jusqu'à 9 ou 10 heures du soir. La journée comprend zazen, kinhin, le ménage, les repas, *teisho* (enseignements donnés par le maître), des entretiens personnels avec lui et des périodes de repos, pendant lesquelles il n'y a pas d'allées et venues dans tous les sens. Les élèves se rassemblent pour approfondir leur pratique. En fait, sans le tenzo, la retraite ne pourrait pas continuer. Personne ne peut pratiquer longtemps zazen sans manger. Sans cette nourriture, il serait difficile de tenir durant des heures. Pendant sesshin, les repas doivent être prêts exactement au moment où la cloche sonne, à la fin des heures de zazen. La cloche annonce le moment du repas. Lorsqu'elle a sonné, les étudiants se lèvent, pratiquent kinhin en marchant puis reçoivent leur repas dans la posture de zazen et dans le silence total. Les repas sont la continuation de sesshin, et non une coupure. Ils doivent être servis exactement au bon moment.

Le cuisinier reste dans la cuisine pendant presque toute la retraite, et il cuisine. Parfois, il peut avoir une centaine de personnes à nourrir, ou plus. Les repas doivent être préparés avec un esprit très présent et un grand soin, sans qu'une miette soit perdue. L'acte de cuisiner devient en lui-même un profond entraînement à l'acte d'offrir, non seulement la nourriture, mais son être tout entier. Lorsque l'on est totalement absorbé dans une telle tâche, il est impossible d'être affamé ou mécontent.

CHAQUE INGRÉDIENT EST PRÉCIEUX

Outre la préparation minutieuse de la nourriture, pendant la formation du zen on doit respecter la nature de chaque ingrédient. Dogen Zenji, un grand maître du zen, a écrit un livre intitulé *Conseils au maître de cuisine*. On considère que ce livre a une importance majeure dans la pratique du zen. Ses instructions précises au cuisinier, concernant la façon de manier les ingrédients, doivent aussi être comprises comme des instructions pour notre vie et nos relations. Chaque personne que nous rencontrons constitue un autre ingrédient. L'une paraît être un mets délicat, une autre, un simple légume vert.

> En préparant la nourriture pour la communauté, il est essentiel de ne pas se plaindre de la qualité des ingrédients, mais plutôt de cultiver une humeur qui les voit et les respecte pour ce qu'ils sont. Un plat n'est pas nécessairement supérieur parce qu'il a été préparé avec des ingrédients de choix, et une soupe n'est pas inférieure parce qu'elle a été préparée avec des légumes ordinaires. Lorsque vous manipulez et choisissez des végétaux, faites-le de tout cœur, avec un esprit pur, et sans essayer d'évaluer leur qualité, de la même manière dont vous prépareriez un splendide festin. Dans notre pratique, nous ne faisons pas de distinction entre les mets délicats et la nourriture ordinaire.

Il n'y a qu'un goût, celui du monde lui-même, tel qu'il est. Souvenez-vous, les goûts délicieux et ordinaires sont la même chose, et non deux choses différentes. De même, rendez-vous compte qu'un simple légume vert a le pouvoir de vous apporter tout ce qu'il y a de bon.

DOGEN ZENJI, *Conseils au maître de cuisine*

QUI LE FERA SI JE NE LE FAIS PAS ?

Dogen, grand maître du zen, se rendit du Japon en Chine pour étudier le zen. Quand il arriva au monastère où il devait se former, il vit un vieux moine, assis sous le chaud soleil de l'après-midi, en train de faire sécher des champignons. Dogen s'arrêta près de lui.

« Il fait très chaud cet après-midi, dit-il. Pourquoi restez-vous assis au soleil ? Pourquoi ne pas laisser ça à un moine plus jeune ?

— C'est mon travail, répondit le vieux moine. Si je ne le fais pas, qui le fera ? »

Dans la vie et dans nos relations, il nous arrive à tous de penser, pour une raison ou pour une autre, que l'on peut nous remplacer facilement, que notre contribution ou notre effort particulier n'a pas une grande importance. Nous pouvons facilement repasser notre travail à quelqu'un d'autre, peu importe que nous le fassions ou non. En fait, beaucoup d'entre nous font ce qu'ils peuvent pour refiler leurs tâches aux autres, estimant qu'il vaut mieux se reposer à l'ombre pendant qu'ils font des efforts — en général, il s'agit de la personne avec laquelle on entretient une relation. Pour ce qui est de ce que nous sommes, de ce que nous avons à donner et de la nature de notre contribution spécifique, cela ne nous traverse même pas l'esprit.

Le vieux moine était différent. Il prenait pleinement conscience de ce qu'il était. Il savait que son travail était un cadeau qui lui était fait, que personne d'autre ne pouvait l'effectuer comme lui, et, surtout, il comprenait profondément que le soin qu'il apportait à la vie, aux champignons et aux élèves affamés du zendo donnait un sens à sa propre vie. Ses efforts et son travail n'étaient pas considérés comme un fardeau, ni comme un moyen d'obtenir la gloire et la célébrité. C'était pour lui un privilège que de faire sécher les champignons.

Combien éprouvent la même chose dans leur relation ? Combien sont reconnaissants de donner ce qu'ils ont à offrir, et vont travailler dur quelles que soient les circonstances pour s'assurer que l'autre reçoive la nourriture dont il a besoin ? Au lieu de vous focaliser sur ce qui manque dans votre relation, concentrez-vous sur ce qu'il lui faut et sur la manière dont vous pouvez le lui procurer. En portant à l'autre l'attention que nous désirons, nous ouvrons la porte qui nous permet de recevoir.

Si la communication semble absente, faites tous les efforts possibles pour communiquer. Trouvez les meilleurs moments et les meilleurs moyens de le faire. Soyez conscient(e) de ce qu'il faut à votre partenaire pour pouvoir vous entendre. De votre côté, trouvez de nouvelles façons d'entendre ce que votre partenaire essaie de vous dire, et de lui répondre.

Afin d'avoir plus d'égards envers lui, tenez vraiment compte de ses besoins et de ses souhaits. En devenant plus sensible et prévenant(e) envers l'autre, cela aura aussi un impact sur vous, ce qui ne veut pas dire que la relation sera à sens unique. En prenant la responsabilité de faire ce qui est nécessaire pour bâtir une belle relation, nous accomplissons la tâche qui nous est donnée à ce moment particulier. Nous comprenons alors les paroles du vieux moine : « Qui le fera si je ne le fais pas ? »

Samantha, trente ans, est sortie avec Rick pendant deux ans. Elle s'estimait satisfaite de leur relation, tout en n'étant pas amoureuse. Quelque chose manquait. Elle ne pouvait pas se plaindre que Rick n'était pas là pour elle — il l'était. Simplement, il ne semblait rien faire de plus qu'être là. Il répondait à ses besoins, mais ne les anticipait pas. Il l'écoutait quand elle lui confiait ses espoirs de faire une carrière d'artiste, mais ne l'encourageait jamais activement. Samantha évoluait dans le cadre habituel de ses relations : satisfaite, mais pas amoureuse. Ayant atteint la trentaine, elle se demandait si elle devait se contenter d'accepter la situation telle qu'elle était. Peut-être avait-elle tort d'attendre davantage.

Dans cette relation, Samantha avait reçu assez de nourriture pour subsister, mais n'était pas rassasiée. Il existe une différence entre l'expérience d'un échange vivant et plein de compréhension et la réponse à ce que veut le (la) partenaire. La meilleure sorte de nourriture, c'est toujours de recevoir l'attention véritable de l'autre. Quelqu'un qui répond de façon automatique n'est pas vraiment présent dans la relation mais agit passivement, par conditionnement ou sens du devoir. Son (sa) partenaire a souvent une impression de platitude ou de vide, la sensation que la personne n'est pas vraiment là.

Samantha mourait d'envie de faire l'expérience d'un véritable échange, mais ne savait pas comment obtenir cette réaction. Elle se demandait si elle n'était pas insensée d'éprouver du mécontentement.

« Avant, je n'avais aucune idée de ce que "donner" signifiait, a-t-elle expliqué. C'est-à-dire prendre vraiment soin de l'autre. »

Cette compréhension l'a d'abord choquée. Elle s'est rendu compte que toute sa vie avait été orientée vers ce qu'elle pouvait obtenir pour elle-même. La conscience de l'autre et la compassion pour ses besoins ne l'avaient jamais vraiment effleurée.

Lorsque Samantha a commencé à étudier le zen, elle a reçu pour tâche de nettoyer les légumes pendant sesshin. Elle et le tenzo étaient entièrement concentrés sur leur travail qui devait être terminé exactement au bon moment. Tout en lavant et coupant les légumes en silence, en mélangeant les ingrédients et en les mettant à cuire, ils maintenaient la cuisine d'une propreté immaculée. Il n'y avait pas de place pour le désordre, pas le temps de penser ni de se plaindre de l'énormité de la tâche, qu'il serait impossible de mener à bien à temps. Ce n'était même pas la peine de l'envisager. En bas, des personnes affamées attendaient.

« Lorsque vous cuisinez là-haut dans une concentration totale, a expliqué Samantha, vous pouvez réellement sentir l'effort fourni par les autres qui sont assis en bas. Vous sentez aussi leur faim et leur satisfaction quand le repas est servi au bon moment. »

En grattant et hachant les légumes, elle a compris quel privilège c'était pour elle. Pendant qu'elle travaillait, debout, dans la cuisine, elle a alors éprouvé de la reconnaissance envers chacun de ceux qui étaient assis non loin de là, affamés et attendant leur nourriture. Elle a compris à quel point on avait besoin d'elle, et l'importance de son travail. Lentement, les larmes ont coulé sur ses joues ; elle n'avait jamais éprouvé cela auparavant.

NOURRIR LES AUTRES, ÊTRE NOURRI

Être le cuisinier signifie apprendre à évaluer les besoins des autres et être prêt à les satisfaire pleinement, au bon moment. Au lieu de nous focaliser de manière compulsive sur notre propre faim, nous devenons naturellement conscient de leurs besoins. Il se passe alors quelque chose d'étrange : en nourrissant les autres, on se nourrit soi-même. On devient capable de goûter la vie (et les gens) tels qu'ils nous sont donnés. Nos relations font volte-face à cent quatre-vingts degrés. La question n'est plus de savoir ce que l'autre donne ou pas, mais ce qui peut lui être offert. C'est radicalement différent de la façon dont nous abordons habituellement notre faim, c'est-à-dire notre désir habituel d'être nourri. En portant notre attention sur les besoins des autres et en trouvant les moyens de les satisfaire, non seulement notre propre faim se calme, mais nous avons une sensation de plénitude. Nous éprouvons de la joie à apporter la satisfaction à ceux dont nous prenons soin. À mesure que ce processus continue, la leçon est plus profonde : une source intarissable apportant toutes sortes de nourritures existe en nous. Nous ne nous sentirons plus jamais vide ni affamé.

Beaucoup doivent encore apprendre cette leçon dans leurs relations. Ils mènent une bataille subtile, un rapport de forces à propos de qui a quoi, qui obtient plus, qui est responsable, qui obtient ce qu'il veut. La question sous-jacente est : quels besoins sont les plus importants ? Combien chacun donne-t-il à l'autre ? Ces personnes tiennent des comptes précis de ce qui sort et de ce qui entre. Elles veulent que l'autre leur soit redevable, ou donnent seulement ce à quoi — d'après elles — l'autre a droit. Une relation basée sur l'endettement repose sur des notions de valeur marchande. L'amour devient un produit que l'on peut acheter ou vendre. Cela ne créera jamais une vie qui en sera remplie.

Afin de changer d'orientation, arrêtez de compter ce que vous donnez ou recevez ; cessez de vous préoccuper d'être au top. Inutile de penser à ce que votre partenaire vous doit, contentez-vous de prendre ce qui est donné et de remercier. Ne cherchez pas à en avoir une miette de plus. Qui plus est, ne vous demandez pas si votre partenaire est digne de recevoir les cadeaux que vous faites. C'est une tactique qui rend amer, fermé et plein de ressentiment. Ce n'est pas la meilleure façon de mener une vie d'amour.

Comme le disait un grand poète du zen : « Ouvrez vos mains si vous voulez que l'on vous tienne. » Donnez pleinement sans réserve, sans regarder ce que vous recevez en retour. Plus vous donnerez, plus vous vous sentirez rempli, heureux et satisfait de ce que vous avez. Vous recevrez beaucoup en retour, peut-être de façon inattendue. Laissez l'univers vous donner pleinement, mais ne l'exigez pas d'une personne particulière.

LES SECRETS DE LA VRAIE CUISINE

L'expérience qui consiste à vraiment donner, nourrir et être nourri est souvent mal comprise. Certains se plaignent de se sentir complètement épuisés quand ils donnent. « Je donne et je donne continuellement, mais ne reçois rien en retour », proclament-ils. « Je suis totalement épuisé et n'ai plus rien à donner. »

C'est là la position de nombreux martyrs qui, en donnant, semblent perdre toute leur réserve de nourriture, d'amour ou de joie. Ensuite, ils essaient de générer un sentiment de culpabilité. Mais personne n'est jamais épuisé quand il fait de la vraie cuisine. Et personne ne veut donner par culpabilité.

Notre incompréhension de la vraie nature de l'acte de nourrir les autres est la cause de notre désarroi. Pour beaucoup, donner est une forme de troc. Tu me donnes quelque chose et je te donne autre chose en échange. Nous donnons en ayant une motivation secrète : recevoir en retour, faire plaisir aux autres, faire ce qu'il est bien de faire. Cette sorte de contrefaçon du don s'accompagne souvent d'amertume et d'un sentiment « d'épuisement ». Ceux qui se sentent épuisés doivent prendre conscience que, s'ils estiment qu'ils ne reçoivent pas en retour, c'est qu'ils ne donnent pas vraiment ni aux autres, ni à eux-mêmes.

Chaque fois que l'acte de donner est partiel, le flux salutaire d'énergie vitale est bloqué. Certains s'accrochent à ce qu'ils donnent. D'autres offrent des cadeaux trop somptueux pour eux. D'autres encore prétendent qu'ils ont du mal à recevoir ; ils ne peuvent que donner. Là encore, ce n'est pas donner vraiment. Il n'y a pas de plus grand cadeau que de recevoir les cadeaux et l'amour d'un autre. Quand on refuse de recevoir ce qui est offert, on refuse l'amour. La respiration se fait dans les deux sens : inspiration et expiration. On prend de l'univers et on retourne ce qu'on a reçu. Inspirer sans expirer, ou expirer sans inspirer, causerait notre mort.

Dans une relation, si vous donnez et ne recevez rien en retour, cessez donc de *donner* autant et passez plus de temps à *être*. Soyez l'objet de votre don, soyez qui vous êtes. Remplissez le sens intérieur — faites votre propre travail. Puis voyez pourquoi vous « utilisez » une relation. Que tentez-vous d'obtenir en donnant ? Cessez d'essayer d'obtenir quoi que ce soit et contentez-vous de donner, les mains ouvertes.

À la cuisine, comme dans la respiration, donner et recevoir vraiment constitue un même acte. Notre être véritable est confirmé par un don qui est reçu et bien accueilli. En donnant pleinement sans rien vouloir en retour, on reçoit autant que l'on donne. La sensation de fardeau, de ressentiment et d'attachement disparaît. Il n'y a plus ni donneur ni receveur, seulement un cœur ouvert.

À mesure que nous nous engageons sur cette voie et apprenons à donner et à recevoir, nous nous mettons à goûter le vrai fruit de l'amour. L'amour véritable n'a pas d'exigences. Il donne ce qui est nécessaire, naturellement. On ne peut pas l'emporter, car il n'appartient à personne. Il est aussi disponible et abondant que l'air que l'on respire. Pour pouvoir y goûter, il suffit d'inspirer et d'expirer naturellement, dans tous les domaines de notre vie. Seul l'acte de refuser d'expirer, de rendre à l'univers ce qui nous est donné, nous tient à l'écart de la vraie nourriture.

ESPRIT PARENTAL

À mesure que sa pratique mûrit, l'étudiant du zen donne facilement et naturellement. Il donne tranquillement, sans chercher la reconnaissance ni la louange. En étant plus profondément en contact avec son être véritable, il ne peut que nourrir les autres et recevoir une vraie nourriture. C'est ce que l'on appelle aussi développer « l'esprit parental ».

C'est l'état d'esprit dans lequel on se trouve quand on veut prendre soin des autres et les nourrir. C'est l'esprit de la mère avec son nouveau-né, un regard inconditionnel sur le monde dans lequel on vit. Ce n'est pas un esprit qui tient des comptes, qui a constamment besoin qu'on le nourrisse ou qu'on fasse attention à lui.

L'esprit parental se développe naturellement quand on est assis en zazen. Il n'y a rien de spécial à créer ; il suffit de rester assis, et il se découvre. En étant ainsi, nous nourrissons notre propre faim profonde et sommes en relation avec le flux de nourriture toujours disponible pour nous tous. Ce flux peut aussi être appelé « être amoureux ».

les étapes de l'amour : se nourrir soi-même et nourrir les autres

1. L'ALIMENT PRÉFÉRÉ

Dans une relation, quel est votre aliment préféré ? De quoi avez-vous faim quotidiennement ? Comment vous alimentez-vous ? Quelqu'un d'autre vous nourrit-il ? Vous occupez-vous vous-même de votre nourriture ? Existe-t-il pour vous un autre moyen d'obtenir cette nourriture particulière ? Prenez un instant pour y réfléchir.

2. LA DIGESTION ÉMOTIONNELLE

Quelle sorte d'aliment absorbez-vous actuellement dans votre relation, que vous ne parvenez pas à digérer ? Pourquoi continuez-vous à en manger ? Qu'attendez-vous de lui ? Y a-t-il un autre aliment qui pourrait le remplacer ?

3. CUISINER POUR LES AUTRES

Pour qui cuisinez-vous habituellement ? Qui avez-vous plaisir à nourrir ? Quelle sorte de nourriture lui procurez-vous ? Agissez-vous en éprouvant du ressentiment ou de tout votre cœur ? Qui d'autre serait heureux que vous le nourrissiez ? Qu'est-ce qui vous empêche de cuisiner aussi pour lui (ou pour elle) ? Réfléchissez-y un instant. Qu'est-ce que cela vous fait de refuser de nourrir quelqu'un ? Une autre personne s'en charge-t-elle ? Qui d'autre le fera si vous ne le faites pas ?

4. OFFRIR

Qu'offrez-vous à la vie ? Qu'êtes-vous prêt(e) à donner de manière inconditionnelle ? Recevez-vous de la joie en le faisant ? Si ce n'est pas le cas, il ne s'agit pas d'un véritable don. Prenez le temps de vous demander ce que vous pouvez réellement offrir qui nourrira et contentera les autres et vous-même. Quand une grande part de notre vie consiste à faire ce genre de don, on tombe amoureux de la vie elle-même.

5. FAIRE DES CADEAUX

Chaque jour, trouvez quelque chose de nouveau à donner à quelqu'un. Chaque jour, donnez autre chose. Il est inutile que ce soit recherché ou cher, c'est simplement quelque chose qui améliorera un peu la journée. Faites-le avec différentes personnes. Vous pouvez aussi le faire avec la personne qui partage votre vie. Agissez tranquillement et simplement, et non pas en fanfare.

À présent, faites-le pour vous-même. Chaque jour, prenez un moment pour vous demander quel cadeau vous aimeriez recevoir. Puis prenez le temps de vous l'offrir. Il peut s'agir d'une promenade dans un parc, d'un nouveau livre, d'un long bain moussant ou de la contemplation d'aquarelles.

Bien que cet exercice soit simple, il est extrêmement puissant. Si vous le pratiquez quotidiennement dans votre relation, tout peut changer. Lorsque vous donnez, rappelez-vous de ne pas chercher à obtenir quoi que ce soit en échange (pas même un sourire ni un remerciement). Donnez pour donner, sans attentes, sans exigences. Cette forme de don est le plus grand cadeau dont vous puissiez faire l'expérience, et en pratiquant cette sorte de don, d'autres cadeaux vous seront faits.

Du saumon séché reçu
Et des oranges données en retour.

SHIKI

chapitre 8

RECEVOIR LE BÂTON

(affronter les coups)

N'évitez pas l'amertume.

SOEN ROSHI

LA PLUPART DES GENS RENONCENT À AVOIR une relation de crainte de souffrir. Après avoir été choqués, blessés ou trahis, ils décident de ne plus essayer. Plutôt qu'une source de joie et d'inspiration, les relations deviennent un champ de mines, où le moindre faux pas fait tout exploser. L'amour est alors associé aux chocs et aux commotions, au rejet et à la perte. Pour pouvoir nous ouvrir et tomber amoureux, nous devons dissiper ces peurs et prendre les difficultés et les déceptions pour ce qu'elles sont. La fuite n'est pas la réponse. En fuyant le conflit, nous fuyons tout ce qui vaut la peine d'être vécu. La façon dont nous faisons face aux déceptions, aux chocs soudains et aux coups que nous recevons peut déterminer tout le cours de nos relations et de notre vie.

OÙ EST PASSÉ L'AMOUR ?

Cette question est la plus courante que se posent les personnes confrontées à des changements dans leur relation. Elles souffrent en se rappelant la joie qu'elles éprouvaient autrefois et en constatant qu'elle s'est transformée en tristesse. Elles ne savent pas ce qui s'est passé, qui est fautif et se demandent *où est passé l'amour*.

Bien entendu, l'amour n'est passé nulle part. Où pourrait-il aller ? Comme les nuages d'orage qui voilent soudain le soleil, les vagues de la négativité et des difficultés s'élèvent, recouvrant momentanément l'amour fondamental que nous éprouvons. Ces vagues ne sont pas permanentes, mais font partie du paysage sans cesse changeant de la vie. Du point de vue du zen, nous devons nous demander qui est l'hôte et qui est l'invité. Qu'est-ce qui, comme l'invité, va et vient — est transitoire — et qu'est-ce qui, comme l'hôte, demeure — est absolu ?

Si nous ne comprenons pas ce point, les relations ne pourront jamais se développer sur une base stable. La plupart des gens considèrent les manifestations temporaires de la douleur, la colère, la solitude et le chagrin comme l'hôte, la vérité d'une relation. Dans ce cas, la présence fondamentale de l'amour est perçue comme une manifestation temporaire, quelque chose qui disparaît facilement. C'est le contraire qui est vrai.

Nous ne pouvons mener une vie d'amour à moins de savoir accepter les changements qui se produisent inévitablement, absorber les coups reçus et tout replacer dans son contexte. En procédant ainsi, nous découvririons que l'amour ne part jamais nulle part. Il est présent à travers toutes les permutations. L'amour n'est pas statique, il fait partie d'un gigantesque processus incluant la peine, la joie, l'amertume et la douceur. Aussi est-il crucial de parvenir à recevoir les changements que la vie nous offre d'une manière qui nous permette de grandir.

Quand nous avons rompu mon cœur s'est brisé
Ses joues poudrées étaient plus belles
Que les fleurs du printemps.
Mon adorable demoiselle est maintenant avec un autre,
Chantant la même chanson d'amour
Mais sur un ton différent.

IKKYU

LA LEÇON DU ZENDO : RECEVOIR LE BÂTON

À certains moments de zazen, un élève qui a été choisi pour être surveillant va et vient dans l'allée en portant un grand bâton de bois, le *keysaku*, sur l'épaule. Pendant ce temps, les élèves, assis sur leur coussin, ont la possibilité de joindre les mains en s'inclinant : cela signifie qu'ils demandent le bâton. L'assistant s'arrête, s'incline devant l'étudiant et le frappe d'un coup sec sur les deux épaules, et le bruit résonne dans toute la salle. Dans certains zendos, l'assistant frappe les élèves, qu'ils le demandent ou non, notamment s'ils semblent avachis ou endormis sur le coussin.

Le bâton a de nombreuses fonctions. Il libère les tensions et la douleur qui ont pu s'accumuler dans les épaules de l'étudiant pendant les longues heures du zazen. Sur un autre plan, il avive l'atmosphère tout entière du zendo qui devient électrique et vigilante après de longues heures tranquilles de session assise. Plus important encore, il apprend aux élèves à recevoir des coups et à ressentir la douleur de façon soudaine. C'est absolument nécessaire, et une partie fondamentale de l'art de tomber amoureux consiste à savoir recevoir le bâton.

Les individus reçoivent différentes sortes de coups dans leurs relations : colère, critiques, trahison, jalousie, perte, brusque changement de circonstances. Quelle que soit l'intensité avec laquelle l'amour s'est exprimé entre deux êtres, tôt ou tard un problème vient menacer l'équilibre. Ils commencent à se poser des questions sur leur relation : en vaut-elle la peine, est-ce vraiment l'amour ? Certains supportent mieux que d'autres les coups de toutes sortes. Beaucoup finissent par se demander où est passé l'amour.

DOULEUR ET AMOUR

On supprime à la fois le médecin et le médicament
En acceptant complètement la maladie.

Pour certains, la souffrance est inextricablement liée à l'amour. Le travail de la thérapie consiste à dégager la connexion entre amour et douleur, à aider ces personnes à faire des choix « plus sains » en trouvant un partenaire qui ne causera pas autant de chagrin dans leur vie. Les personnes qui souffrent sont perçues comme des patients aux prises avec une maladie. Le processus qui les dégage de la souffrance dans leur relation est considéré comme le remède.

Dans la pratique du zen, le chagrin, les chocs et les déséquilibres de la vie ne sont pas vus comme une maladie. Ils ne sont pas mauvais en soi et ne doivent pas être évités, mais plutôt compris et accueillis comme un invité qui n'est là que pour quelque temps. On ne les ressasse pas constamment en cherchant à les comprendre. Ils font simplement partie des fluctuations inévitables de la vie, comme le jour et la nuit, le soleil et les nuages.

Lorsque nous étiquetons un individu (ou une situation) comme mauvais, cruel, malade ou masochiste, nous le mettons dans une prison sans barreaux. Dans la pratique du zen, on n'étiquette rien ni personne. Cela ne ferait qu'aggraver le problème et empêcherait le flux naturel du changement et de la guérison, qui est constamment disponible. En disant qu'une personne ou une situation est fondamentalement sombre, on empêche le soleil de briller au-dessus d'elle, et les nuages d'orage de sa vie de se dissiper naturellement.

Harriet, trente-six ans, avait fini par rencontrer quelqu'un avec qui elle était heureuse. Au bout de trois ans passés ensemble, le mariage se profilait à l'horizon et tous deux étaient transportés à cette idée. Puis les coups se sont mis à pleuvoir : Fred, son compagnon, a eu une attaque. Il lui a fallu de nombreux mois pour s'en remettre, et ensuite, il n'était plus le même, davantage en retrait, un peu plus lent. Pour clore le tout, ses parents n'appréciaient pas qu'il soit catholique et le faisaient savoir constamment. Ils menaçaient de boycotter son mariage et de la déshériter si elle l'épousait. En dépit de tout, Harriet l'aimait, espérait qu'il allait faire des progrès et voulait que cela marche. Mais elle ignorait combien de difficultés elle pouvait encore supporter.

Sur le plan psychologique, on pourrait dire qu'Harriet devait comprendre les raisons pour lesquelles elle choisissait de faire un mariage chargé de difficultés dès le départ. Restait-elle avec son ami par amour, sentiment de culpabilité ou rébellion envers ses parents ? Était-elle capable de supporter les problèmes qu'une telle union risquait de soulever ? Harriet avait du mal à se confronter à ces questions car elle croyait qu'une relation adéquate ne devait pas comporter de grosses épreuves.

Bien que la situation d'Harriet puisse paraître extrême, elle est semblable à ce que beaucoup vivent dans leur relation : des chocs et des changements inattendus, soit chez la personne soit dans les circonstances. Un tel traumatisme peut nous faire croire que l'on est une victime de la vie, mais en réalité on ne fait que l'expérience de la perte, due à un changement de situation.

En arrivant au zendo, Harriet a appris une nouvelle manière de voir sa vie, et le besoin intense de prendre une décision au sujet de sa relation est passé au second plan. Elle s'est intéressée aux bases de la pratique, a découvert qui elle était vraiment et a pu reconnaître ce qui était fondamental dans son existence et ce qui n'était là que de façon transitoire (qui était l'hôte et qui était l'invité).

Au bon moment, l'action appropriée lui est apparue clairement, en s'élevant naturellement. Chaque cellule de son corps lui a dit ce qu'elle devait faire au sujet de son fiancé, où elle voulait être, ce qui était bon pour elle et ce qui ne l'était pas. Elle n'était plus obsédée par la décision à prendre ; les conseils sur la conduite à tenir s'étaient clairement manifestés d'eux-mêmes. Harriet a décidé de rester avec son fiancé, que son état s'améliore complètement ou non. Elle avait pris conscience qu'elle l'aimait vraiment, et les changements qu'il avait subis ne pouvaient rien y faire.

IDENTIFIER LES POISONS DE LA RELATION

Le Bouddha a dit que toutes les souffrances (tous les nuages d'orage et les afflictions) sont causées par les trois poisons — l'avidité, la colère et l'illusion — qui existent en chacun de nous. Ces poisons sont inhérents à la condition humaine et doivent être purifiés. Ils se manifestent dans notre vie lorsque les circonstances adéquates sont présentes. Cela fait partie de notre karma, ce qui nous compose sur les plans mental, émotionnel et physique et que nous construisons à travers nos pensées, nos paroles et nos actions.

Certains de ces poisons s'expriment dans les relations par la jalousie, la crainte, la colère, la suspicion, l'attachement et la possessivité. On entretient des fantasmes au sujet des autres qui ne reposent sur aucune base dans la réalité. Ces sentiments sont douloureux, mais ils montent à la surface pour être libérés, et non pour être mis en action. Si nous ne comprenons pas notre vraie nature, nous croyons que ces sentiments douloureux sont causés par la situation ou par l'autre personne, ou qu'ils sont l'expression de notre amour, que nous avons le droit d'être possessif et attaché à l'autre ; n'importe quel amoureux ressentirait la même chose.

Nous pouvons aussi penser que ces poisons font partie de notre identité, de ce que nous sommes fondamentalement. Mais au lieu d'essayer de justifier ces moments douloureux, nous devons simplement les reconnaître pour ce qu'ils sont et les laisser s'éloigner. Le grand art de la relation consiste à apprendre à traiter les poisons quand ils apparaissent. Ils sont l'essence du bâton que nous recevons, des coups qui nous blessent dans nos relations.

Notre esprit du singe peut émettre des objections à propos de cette façon de traiter la douleur. Il aime ressasser, voire intensifier les difficultés de toutes sortes. Il réagit à tout de manière impulsive et se perd dans des bavardages sans fin et des élucubrations mentales. Notre esprit du singe n'est pas prêt à voir cesser facilement la douleur et les difficultés. En fait, il apprécie la fréquentation des trois poisons comme s'ils étaient un véritable nectar.

C'est la manière dont nous recevons nos chagrins, dont nous comprenons ce qui se passe et réagissons, qui fait toute la différence entre le paradis et l'enfer. Ce qui peut devenir une longue période d'angoisse ou de dépression peut aussi être expérimenté différemment, comme une tempête soudaine qui croise notre chemin. Une tempête n'est pas le reflet personnel de ce que nous sommes. Elle se lève puis s'éloigne, nettoyant l'air et cédant la place au soleil. Lorsque nous recevons les coups de cette façon, la peine que nous éprouvons n'est pas aggravée, mais accompagne une journée ou une relation envisagée autrement, avec un but précis.

Tout cela ne veut pas dire qu'il n'y a pas des moments où il convient de mettre fin à une relation difficile. Il y en a. Mais, même si nous achevons une relation, ce n'est pas parce que nous avons peur d'affronter les difficultés, ou de vivre une expérience unilatérale. Notre décision intervient une fois que nous avons vécu notre expérience sur une autre base, une part plus profonde de nous-même.

COMBIEN DE SOUFFRANCES PEUT-ON ENDURER ?

Parfois, on confond le fait de savoir recevoir les coups avec l'acceptation d'une relation sadomasochiste. Il est crucial de bien les distinguer. Lorsque nous nous trouvons pris dans un rapport de forces déséquilibré, ou cédons notre propre force, notre autonomie ou notre énergie vitale à un autre, notre peur et notre colère sont une manière d'éviter l'amour. Nous nous reconnaissons faible et incapable ou, vu sous un autre angle, imaginons que nous avons le droit de dominer quelqu'un d'autre. Ces deux sortes d'illusion sont dues au fait que nous ignorons qui nous sommes et ne savons pas comment affronter les coups que la vie inflige.

Dans une relation sadomasochiste, un partenaire est dominé et trompé par l'autre. (Ces rôles peuvent s'inverser de temps en temps.) Celui qui accepte de souffrir se perçoit comme une victime, un être médiocre et indigne d'être aimé. Le sentiment de culpabilité qu'il éprouve entraîne la punition, qui le soulage provisoirement de ce sentiment. Encore une fois, ce cas de figure montre à quel point les deux partenaires sont indignes. Il est clair qu'il n'y a rien de bon dans cette relation, ni d'un côté ni de l'autre.

Celui qui, par faiblesse ou par peur de sa propre vulnérabilité, joue le rôle dominant se sent souvent vulnérable et perdu. Il réagit en estimant que, au nom de l'amour, il a le droit de contrôler et subjuguer l'autre. Infliger de la douleur aux autres devient une protection contre la douleur qu'il éprouve. Non seulement c'est une dégradation de la relation, mais c'est exactement l'opposé d'un cœur aimant.

Toutes ces permutations de douleur et de rapports de forces dans les relations sont le résultat de l'ignorance dans laquelle on se trouve pour faire face aux coups de la vie. Le fait de rester dans une relation nuisible ou douloureuse est dû à notre incapacité à réellement sentir, reconnaître et finalement lâcher la douleur. Le zen nous enseigne à ne jamais céder notre autonomie et notre autorité à une autre personne. Chacun de nous possède la sagesse, la force et la beauté intérieures qui lui permettent de tout affronter.

Vous pouvez décider à n'importe quel moment que vous avez assez souffert. Lorsque vous sentez la douleur s'emparer complètement de vous, il est plus facile de l'abandonner et de choisir le bien-être. Le choix vous appartient toujours. Lorsque nous nous lançons ou restons dans une relation qui est fondamentalement nuisible et nie les principes de base de l'amour, la souffrance s'ensuit comme la nuit suit le jour. En choisissant de vivre selon les principes de l'amour, même si la douleur s'élève brièvement, elle ne se changera pas en souffrance et nous bénéficierons facilement de soutien et d'harmonie.

CHOISIR DE LÂCHER PRISE

Un soldat du nom de Nobushige vint voir Hakuin et lui demanda :

« Y a-t-il réellement un paradis et un enfer ?

— Qui êtes-vous ? s'enquit Hakuin.

— Je suis un samouraï.

— Vous, un soldat ! s'exclama Hakuin. Quel dirigeant voudrait de vous comme garde ? Vous avez une tête de mendiant. »

Furieux, Nobushige fit le geste de tirer son épée, mais Hakuin poursuivit :

« Ainsi, vous avez une épée ! Votre arme coupe sûrement trop mal pour me trancher la tête. »

Au moment où Nobushige sortait son épée, Hakuin remarqua :

« Voilà que s'ouvrent les portes de l'enfer ! »

Alors le samouraï, comprenant la leçon du maître, rengaina son épée et s'inclina.

« Voilà que s'ouvrent les portes du paradis », dit Hakuin.

IN *On ne peut pas voler la lune*

La colère, la peur, la jalousie, la trahison, la suspicion, la possessivité et la perte font partie de la gamme des sentiments humains. Nous en faisons l'expérience dans nos relations, et ces compagnons indésirables nous suivent où que nous allions. Ce sont des réactions attendues dans notre vie, mais il ne tient qu'à nous de leur faire lâcher prise.

Certaines personnes exacerbent la peine qu'elles ressentent en réagissant comme Nobushige et font preuve de plus de colère et de négativité. Elles se focalisent uniquement sur l'aspect négatif. Chaque coup qu'elles reçoivent, elles l'amplifient, recouvrant leur relation d'un nuage d'obscurité de sorte que la blessure continue à saigner et que leur sentiment d'impuissance s'intensifie. Ces personnes n'ont pas encore choisi de lâcher prise.

D'autres cherchent le coupable, résolues à obtenir une revanche, à rejeter la responsabilité sur lui ou sur elles-mêmes. Jeter le blâme se produit si souvent que cela mérite un examen plus approfondi. Lorsqu'il est dirigé contre soi, il se transforme en un sentiment lancinant de culpabilité et d'incapacité qui persiste pendant des années. Le profond sentiment d'échec qui l'accompagne empêche d'aimer à nouveau. Jeter le blâme sur les autres empêche de voir, d'une part l'autre personne tout entière ainsi que soi-même, et d'autre part ce que l'on a vraiment vécu ensemble. De plus, cela entretient l'amertume, si bien qu'au moment où il se passe quelque chose de désagréable, on est déjà prêt à tirer son épée.

Une autre façon de traiter ces sentiments douloureux consiste à les cacher, à fantasmer, à reculer ou à prétendre qu'il ne s'est rien passé. Ces personnes dissimulent la peine qu'elles éprouvent sous des sourires faux. Leurs partenaires estiment qu'il est impossible de résoudre quoi que ce soit avec des gens qui refusent d'admettre que quelque chose ne va pas. Une telle attitude de déni ne permet pas une vraie relation. La couche de miel empêche les deux partenaires de partager ce qu'ils sont réellement et ce qui est authentique pour eux. Cette relation est toujours insatisfaisante car elle fonctionne à un niveau très superficiel.

Aucun de ces types de relation n'est bénéfique. À la place, il est nécessaire de choisir de ressentir pleinement ce qui arrive sur le moment, puis de lâcher prise. Voyez-le comme un orage qui passe, ne vous accrochez pas à l'émotion douloureuse qu'il suscite et ne le laissez pas s'accrocher à vous. La colère peut être attrayante. Choisissez de ne pas être séduit. Refusez de blâmer l'autre et vous-même. Lorsque la colère monte, refusez d'y prendre part à cet instant (ou de prononcer des paroles de haine). Rendez-vous compte que vous êtes au cœur de la tempête. Restez tranquillement au centre pendant qu'elle tourne autour de vous. Quand elle sera passée, une nouvelle compréhension naîtra et vous et votre partenaire en sortirez indemnes.

Les fantasmes et les rêveries sont également séduisants mais ne mènent à rien de valable. Quand ils se manifesteront, ou que vous serez tenté(e) de prétendre que tout va bien, refusez cette source de déception. Restez calme et soyez dans la réalité de la situation jusqu'à ce que le désir de vous échapper s'évanouisse. Vous deviendrez plus fort(e) et verrez plus clairement les actions à entreprendre.

En ne réagissant pas aux coups ni aux appels séduisants que nous recevons, nous supprimons leur carburant et les chassons de notre vie.

RETIRER LES FLÈCHES EMPOISONNÉES

Quand on demandait au Bouddha qui il était, il répondait qu'il était un médecin venu soigner les maladies du monde. Il disait que nous avions tous été atteints par des flèches empoisonnées (les chagrins, les illusions) et qu'il était venu nous montrer comment retirer les flèches. Mais il ne disait pas qu'il était venu les retirer à notre place. La souffrance que nous éprouvons dans la vie et dans nos relations est partiellement due au fait que nous attendons que quelqu'un retire nos flèches empoisonnées, nous aide à nous sentir bien et éloigne notre douleur. En fait, c'est la base de nombreuses relations. Certains refusent même de continuer à avancer dans la vie tant qu'ils ne rencontrent pas quelqu'un sur qui ils puissent s'appuyer. Un esprit dépendant ne fait qu'occasionner la souffrance de ne pouvoir aller plus profond. La relation qu'il sous-tend ne peut que se désagréger tôt ou tard.

Dans la pratique du zen, on ne dépend pas des autres. Nous apprenons à nous relier à notre force et notre sagesse intrinsèques et à retirer nous-même notre flèche empoisonnée. Nous apprenons aussi à tenir debout sur nos deux pieds, à mastiquer notre propre nourriture, à chanter nos propres chansons et à avancer courageusement sur terre. Ce doit être aussi la base de notre relation. Si celle-ci est constituée de deux personnes qui s'appuient l'une sur l'autre, priant l'autre de supprimer leur douleur ou exigeant que l'une soit faible et l'autre forte, elle ne peut que s'achever en désastre. Une véritable relation d'amour nous donne toujours de la force et ne nous ôte jamais notre autonomie.

INCLURE L'AMER ET LE SUCRÉ

> Un sentiment qui est fort un moment
> Et a disparu l'instant d'après
> Ne peut pas s'appeler l'amour.
>
> KABIR

La condition humaine est constamment confrontée à l'amer et au sucré. Mais quand le sucré se présente, nous voulons le retenir et nous assurer qu'il restera toujours. Quand les moments d'amertume arrivent, nous voulons les éloigner, nous refermer, nous tenir à l'écart. Du point de vue du zen, une saveur amère est amère et une saveur sucrée est sucrée. Durant la vie, on doit goûter à tout. Si on recrache quelque chose, cela reviendra en force plus tard.

Ne chercher que le bon et rejeter ce qui fait mal est l'attitude de la plupart d'entre nous. Cette manière de vivre nous tient constamment en déséquilibre, supprimant la plupart de nos expériences. Elle nous maintient dans un faux cocon de sécurité, qui finit toujours par se briser d'une façon ou d'une autre. Non seulement nos relations, mais la vie même comporte des chocs soudains et des coups. Nos espérances les plus chères s'effondrent ; c'est dans leur nature. Les merveilles les plus inattendues sont à portée de main. C'est aussi dans leur nature. En refusant de goûter l'amer comme le miel, nous refusons de faire partie de l'ineffable nature de l'amour même.

Au zendo, on apprend à goûter à tout. On apprécie le merveilleux son du gong quand il sonne, et on reçoit le cinglant du bâton quand le moment est venu. On n'ajoute rien à l'expérience que l'on vit. Le gong ne sonne pas parce que nous le méritons, le bâton ne cingle pas parce que nous sommes mauvais. Un goût amer est simplement amer. Une sensation de douleur n'est qu'une sensation de douleur. Le monde ne s'écroule pas pour autant autour de nous. On n'est pas tourmenté par la confusion et la culpabilité. Si nous éprouvons de la souffrance dans certaines circonstances, cela ne signifie pas que nous ne valons rien ou que l'amour s'est éloigné pour toujours. En fait, on peut dire que l'amour n'est pas du tout un sentiment ; c'est la faculté d'être chez soi avec tout ce qui vient vers nous.

Lorsque nous sommes assis dans le zendo, nous apprenons à faire la paix avec nous-même et avec la vie en général, y compris notre souffrance. Ce n'est pas l'amour ou la relation qui est la cause de notre douleur, mais l'incapacité à les étreindre. Il y a une célèbre pensée zen qui dit :

> Séparer ce que nous aimons de ce que nous n'aimons pas
> est la maladie de l'esprit.
>
> SOSAN GANCHI ZENJI

La maladie de l'esprit consiste à rejeter constamment une partie de nous-même, des autres ou de nos expériences. Nous décidons que cette expérience est bonne et cette autre mauvaise. Je déteste ceci et j'adore cela. Je vais rechercher ceci et m'écarter de cela. Cette manière de vivre constitue en elle-même la maladie. Elle nous amène à nous séparer à la fois de nous-même et de notre vie.

À mesure que nous pratiquons, nous apprenons à faire totalement l'expérience de ce qui se passe instant après instant, et prenons rapidement conscience que, si nous sommes complètement dans chaque instant, la prochaine respiration apportera quelque chose de nouveau. Lorsque nous ne rejetons pas notre souffrance ou n'y ajoutons rien, la douleur est simplement la douleur. C'est ce que nous y ajoutons qui la transforme en souffrance, l'épaissit et la solidifie, si bien qu'elle ne peut se calmer.

L'ACCOMPLISSEMENT

Nous allons maintenant décrire l'expérience de l'accomplissement. Dans une relation, c'est le sentiment que l'on éprouve quand on a fait l'expérience de tout ce qu'il y avait à faire. L'un a permis à l'autre de le connaître vraiment, et inversement. La relation a été heureuse, et si elle s'achève, l'autre nous manquera peut-être, mais on ne sera pas profondément affligé. Il ne partira pas couvert de cicatrices. Cette personne et l'amour qui a été partagé feront maintenant partie de nous ; quelque chose de vital aura été intégré.

Au premier abord, il peut sembler impossible de vivre une relation accomplie. On peut estimer qu'il est vain d'essayer, car quoi que l'on dise ou fasse, l'autre ne répondra pas ou ne changera pas vraiment. Mais il n'en est rien. Un seul moment où l'on est réellement présent et honnête, et la douleur et la confusion commencent à se dissoudre.

Peu importe si l'autre répond ou non à votre souhait. Votre acte de sincérité vous libère d'une sensation de douleur et d'inutilité, quelle que soit la réaction de votre partenaire. D'une manière subtile, il ressentira la même chose.

OUVRIR LES PORTES DU PARADIS

À mesure que notre conscience augmente, et que notre faculté d'être présent et entier évolue, notre nature de bouddha (ou notre nature divine) se manifeste. Notre potentiel de santé, de clarté et d'amour mûrit et les portes du paradis s'ouvrent. Nous devenons capable de discerner qui est vraiment l'autre personne dans notre relation et si nous restons pour les bonnes raisons ou pour des raisons qui ne sont plus valables. Nous ne partons pas parce que nous rejetons l'autre (ou en réaction à un rejet), mais parce que le flux naturel de notre vie nous entraîne ailleurs. Nous n'emportons pas d'amertume ni d'angoisse et ne les projetons pas sur l'autre. Nous sommes conscient de la beauté, de la joie et du merveilleux de toute vie. Nous sommes capable de rire quand nous sommes heureux et de pleurer quand nous sommes triste. Nous faisons un avec le chant des oiseaux, le contact d'un ami, la chaleur de l'été, un rêve qui s'évanouit, les bourgeons du printemps — tout ce qui se présente.

Cette expérience ouverte de la vie peut nous apporter toute la guérison, la joie et la force dont nous avons besoin.

les étapes de l'amour : affronter la douleur

1. D'OÙ VIENNENT LES COUPS ?

Souvent, on est soudain bouleversé ou découragé sans savoir pourquoi. On a l'impression que quelque chose est arrivé par-derrière et a emporté notre joie. À présent, prenez le temps d'observer d'où viennent les coups dans votre vie. Qu'est-ce qui est pour vous difficile à supporter ? Notez votre réaction habituelle face à cela. Pour l'instant, le simple fait de le remarquer est déjà beaucoup. Chaque jour, passez un moment à réfléchir de cette façon.

2. RENONCEZ AU BLÂME

Qui (ou quoi) blâmez-vous pour les difficultés que vous rencontrez ? De quelles façons vous faites-vous des reproches ? Dressez une liste. Rendez-vous compte que les reproches ne font que servir d'écran, vous empêchant d'avoir une vue globale et entière de ce qui se passe. Peut-être pensez-vous que cela vous protège.

Renoncez à faire des reproches aujourd'hui. Revoyez votre liste depuis le début et renoncez à blâmer cette personne ou cette circonstance. Respirez profondément en procédant ainsi et souhaitez le meilleur pour cette personne. Considérez la situation comme vous verriez un orage passer dans votre vie, puis disparaître. Reprochez-vous à la pluie de tomber ?

3. REFUSER DE REFUSER

Que refusez-vous de connaître dans la vie ? Si vous en faisiez l'expérience, que croyez-vous qu'il se passerait ? Imaginez cette expérience. Imaginez-la de nouveau en notant l'énergie que vous dépensez pour l'empêcher de se produire. Remarquez à quel point vous la rendez plus difficile qu'elle n'est réellement. Puis, un jour, quand vous serez prêt(e), voyez si vous pouvez la tenter. Que ressentez-vous ? Vous sentez-vous plus grand(e) et plus fort(e) ?

4. GUÉRIR UNE RELATION MEURTRIE

Vivez-vous (ou avez-vous vécu) une relation qui a besoin d'être soignée ? Y a-t-il des coups donnés et reçus qui n'ont pas été libérés et pardonnés ? C'est le moment de la guérir. Prenez le temps de revivre cette relation et de trouver ce qui n'allait pas. Avez-vous besoin de demander pardon à quelqu'un, ou d'accorder votre pardon ? (À vous-même ou à quelqu'un d'autre ?) Décidez aujourd'hui de le faire. Appelez la personne ou écrivez-lui. (Si elle n'est plus en vie, vous pouvez agir par l'esprit ou lui écrire une lettre. Si vous estimez que vous avez une dette envers elle, remboursez-la à quelqu'un qui est vivant.)

Demandez-vous ce qu'il faut pour que cette relation soit guérie et complète. Ne vous précipitez pas dans vos réponses. Y a-t-il des cadeaux qui doivent être faits, ou que vous auriez aimé recevoir ? Dans le premier cas, faites-les. Si ce sont des cadeaux que vous vouliez recevoir, voyez si vous pouvez les demander. Sinon, ou s'ils ne peuvent pas venir de cette personne, voyez si vous pouvez vous les faire à vous-même, les recevoir de quelqu'un d'autre ou prendre conscience des autres cadeaux que cette personne vous a faits. Parfois, nous recevons beaucoup plus dans une relation que nous n'en avons conscience. Prenez le temps de revoir ce que vous avez reçu de cette personne et ce que vous lui avez donné.

Toutes ces étapes font partie du processus du pardon. Sans pardon, notre vie s'encrasse, notre santé s'altère et notre faculté d'aimer se restreint. La force, l'énergie et la liberté obtenues en guérissant les relations malades sont immenses. Dès que nous y parvenons complètement, de nombreuses portes s'ouvrent.

Certains apprécient tellement ce processus qu'ils le pratiquent quotidiennement, comme s'ils prenaient un bain ou une douche qui les rafraîchit entièrement. Une fois que vous en avez pris l'habitude, vous ne pouvez plus vous en passer. C'est la route la plus sûre qui mène à une vie d'amour.

5. DIRE OUI

À quoi dites-vous entièrement oui dans la vie, à cent pour cent ? Si vous ne trouvez rien, choisissez quelque chose auquel vous aimeriez l'appliquer.

Ensuite, faites-le. Mettez-vous en présence de la personne, l'animal, la plante ou la situation choisie et, mentalement, dites-lui oui ! Ouvrez vos bras et votre cœur. Ouvrez votre esprit. Abandonnez toutes vos réserves. Sentez que vous vous étendez comme les branches d'un arbre immense. Dites oui, oui et oui.

Demain, trouvez autre chose. Lorsque vous faites cette pratique régulièrement, il se passe quelque chose de merveilleux. Il ne vous faudra pas longtemps pour aimer ce qu'elle vous fait ressentir. Vous pratiquerez dans des endroits inattendus, peut-être même avec des gens que vous venez de rencontrer. Lorsque vous y serez totalement habitué(e), vous pourrez faire cette pratique avec quelqu'un qui vous donne du fil à retordre. Vous connaîtrez alors une expérience spéciale. Cette façon d'être est extensible. Elle vous prépare à dire oui à toute la vie. (Existe-t-il une meilleure prière que celle-là, ou un meilleur moyen de bénir quelqu'un ?)

Parfois on reçoit le pouvoir de dire oui à la vie et
À soi-même. La paix nous envahit et fait de nous un être entier.

RALPH WALDO EMERSON

troisième partie

ENTRAÎNEMENT AVANCÉ

chapitre 9

SESSHIN : PÉRIODE D'ENTRAÎNEMENT INTENSIF

(développer l'endurance)

On ne peut pas savoir si c'est de l'or
Avant de l'avoir vu à travers le feu.

PROVERBE ZEN

À N'EN PAS DOUTER, la vie même est un sesshin, une période d'entraînement intense, qui commence au moment de notre naissance et continue jusqu'à notre dernier soupir. Elle se poursuit jour après jour. Quoi que nous ressentions (fatigue, confusion, irritation ou tristesse), nous ne pouvons arrêter le temps. La plupart des gens sont conscients que leur existence ne dépassera pas une certaine durée. Pourtant, quand on se trouve au milieu de la vie et des relations, le temps peut sembler sans fin, répétitif, voire inutile. Certains perdent de vue la raison pour laquelle ils sont là, ce qu'ils font ou comment ils se sont retrouvés embarqués avec une certaine personne.

Il y en a qui cherchent désespérément une issue de secours. D'autres croient un sursis possible, pensent qu'ils peuvent disparaître pendant quelques années et revenir quand la situation se sera arrangée d'elle-même. Il y a ceux qui abandonnent une relation derrière eux quand elle devient trop violente ; ceux qui essaient de la transformer à leur manière en changeant toutes les règles. D'autres encore refusent de se joindre aux activités. Les années passent, les opportunités aussi, et le goût sucré de l'amour leur échappe.

Par-dessus tout, il y a une chose qu'il faut réussir, à la fois au sesshin et dans la vie : la faculté d'endurer — avoir la persévérance et la détermination. Pour y parvenir, nous devons voir la totalité de l'image, comprendre pourquoi nous sommes ici, quel est le but de sesshin et quel est le but de notre vie.

Il en est de même pour nos relations. Sans voir l'image entière du but que nous poursuivons dans une relation, supporter les périodes difficiles peut être une véritable mise à l'épreuve. On commence à se demander ce qu'on fait là et à chercher des moyens de se libérer, ou à trouver d'autres distractions. Pour maintenir l'amour dans une relation, nous devons être capable d'affronter la réalité quotidienne, avec sa routine et son ennui. Au bout du compte, nous devons comprendre d'où proviennent notre joie et notre amour de la vie véritables.

CHERCHER CONTINUELLEMENT DE NOUVELLES RELATIONS

Parmi ceux qui trouvent constamment des défauts aux relations qu'ils vivent et en cherchent de nouvelles, il y en a beaucoup qui agissent ainsi pour des raisons totalement différentes de celles qu'ils pensent. Ils ne le font pas forcément parce que leur partenaire est une mauvaise affaire, mais parce qu'ils ont terriblement envie de distraction afin d'échapper à la réalité de la vie quotidienne. Ces individus cherchent de nouvelles relations parce qu'ils ont peur de rester là où ils sont, de vivre quelque chose de plus profond et de devenir vulnérables en créant des liens et une intimité véritables. Pourtant, sans cela, il est impossible de tomber réellement amoureux et de le rester.

On peut souvent justifier le fait de quitter une relation pour une autre. On trouve d'innombrables raisons de rechercher un nouveau (ou une nouvelle) partenaire (quelqu'un de plus riche, de plus beau, de plus doux) mais en général, nos raisons ne tiennent pas la distance. Le même besoin de changer de partenaire émergera plus tard, jusqu'à ce que nous comprenions l'essence de l'amour. On peut se sentir merveilleusement bien dans une relation avec l'excitation et la romance du début, mais quand deux personnes se sont installées dans leur routine quotidienne, sans grands changements ni distractions, il est temps pour elles de comprendre la magie de la vie ordinaire.

LA LEÇON DU ZENDO : SESSHIN

À mesure que la pratique de l'étudiant du zen se développe, il devient naturel pour lui de pratiquer sesshin. C'est une période d'entraînement intense. On est habituellement assis de 4 ou 5 heures du matin à 9 heures du soir, avec des pauses pour les repas, le travail et le repos. On ne parle pas, il n'y a pas d'interactions ni d'allées et venues. On n'a pas le droit de partir. Un sesshin peut durer une journée, un week-end, une semaine ou trois mois. Une période de cent jours est appelée *kesai*. Les moines zen pratiquent régulièrement kesai.

Pendant sesshin, on ne se concentre sur rien d'autre que la pratique. Toutes les demandes et distractions extérieures sont supprimées. C'est le moment de maîtriser nos énergies éparpillées et d'aller plus profond dans la réalité de notre vie et de nous-même. C'est le moment de développer la patience et l'endurance, d'être au-dessus de toute douleur, conflit et autres phénomènes que nous rencontrons continuellement — l'ennui, la routine, le manque de distractions et de changements. Pendant sesshin, on fait constamment les mêmes choses du matin au soir. Bien entendu, on peut aussi envisager une relation comme un sesshin et y appliquer les mêmes principes.

Notre vie se réduit alors à l'essentiel. Pendant sesshin, on n'a pas l'occasion de se perdre dans un tourbillon. On se lève, se lave, s'assoit, respire, marche, boit, mange et on va aux toilettes. On effectue les simples tâches de nettoyage qui nous sont assignées afin de garder un environnement immaculé. On se repose aux moments convenus, puis on se lève et on recommence la même chose. Ces activités basiques de la vie, que la plupart d'entre nous tentent d'éviter ou d'expédier, nous aident à découvrir le vrai sens du verbe aimer.

D'une certaine façon, c'est comme si nous retournions à la maternelle et apprenions à nous asseoir, marcher, manger, nettoyer, boire notre thé, prendre soin de l'endroit qui nous a été attribué, voir qui nous sommes vraiment sans le strass. On commence au tout début, sans se précipiter au-devant de soi-même. C'est le moment d'aller à notre propre rencontre, une fois le masque tombé. De cette manière très simple, nous prenons conscience de ce que signifie être vivant, et aussi vivre avec quelqu'un d'autre ; de ce qui est nécessaire à tous les participants et pour que tout fonctionne. Que cela nous plaise ou non, nous apprenons à vivre avec nos voisins, ceux qui sont assis de part et d'autre de notre coussin.

DEVENIR UN BON VOISIN

De même que tout le monde a envie de vivre une bonne relation, tout le monde veut avoir un bon voisin de chaque côté pendant sesshin. Celui qui est assis à côté de vous peut faire toute la différence. Même si vous ne regardez pas votre voisin et ne lui parlez pas pendant toute la durée de sesshin, à la fin de la retraite vous savez tout ce qu'il y a à savoir sur lui et vous sentez souvent plus proche de lui que si vous l'aviez connu durant toute votre vie.

Le voisin peut être un puissant soutien, ou un difficile obstacle. À mesure que les sessions se déroulent, jour après jour, il est impossible de ne pas sentir ce que la personne traverse. Si elle se tient assise fermement, sans bouger, reste centrée et fait de son mieux, sa force et son courage rejaillissent sur vous et vous encouragent. Mais si elle est agitée, bouge constamment, est désordonnée, ne participe pas ou se conduit mal de toutes sortes de façons, cela peut facilement affecter votre session assise. Alors, comme dans n'importe quelle relation, vous pouvez, soit vous laisser démoraliser par les circonstances, soit vous asseoir encore plus fermement et devenir une source de force pour vous deux.

Dans la vie, on entretient l'illusion que l'on peut choisir ses relations, ses partenaires ou ses voisins. Si nous ne les aimons pas beaucoup, si nous n'obtenons pas d'eux le soutien que nous attendons, nous pouvons toujours nous lever et nous en aller. Pendant sesshin, on ne choisit pas la personne assise à côté. On doit simplement accepter celui qui est là. En soi, c'est une merveilleuse pratique pour vivre une vie d'amour.

La plus grande partie de la douleur que nous éprouvons dans la vie et dans nos relations vient de ce que nous opposons une résistance à ce que nous trouvons dans notre assiette. Nous consacrons l'essentiel de notre énergie et de notre attention à lutter pour modifier ou améliorer la situation, ou à changer de partenaire pour le suivant. Quand on cesse de résister à ses voisins ou ses partenaires, il se passe des choses étonnantes ; une énorme énergie est libérée pour aimer.

Durant sesshin, Penny ne pouvait supporter d'être assise à côté de Thalia, qui toussait, bougeait, éternuait et pleurait. Dès que le zazen de Penny commençait à s'approfondir, Thalia faisait quelque chose qui la distrayait. Au début, Penny a essayé un million de choses pour la contrecarrer. Elle a fait comme si Thalia n'était pas là. En se concentrant de toutes ses forces, elle a même commencé à chanter des chansons dans sa tête. Rien n'y a fait. Thalia était plantée là, à côté d'elle, pour sept jours pleins. Elle ne pouvait rien faire pour l'éviter. Une partie de l'entraînement consiste à apprendre à vivre à côté de quelqu'un qui vous rend fou. Tant que vous ne vous détendrez pas en acceptant la situation telle qu'elle est, votre zazen ne pourra pas s'approfondir ni votre partenaire se calmer.

La façon dont vous réagissez à la personne à côté de vous l'affecte aussi profondément. Si vous luttez contre elle, la haïssez ou la blâmez, sa conduite gênante ne fait généralement que s'intensifier. Lorsque vous la laissez être ce qu'elle est, quelque chose peut changer pour vous deux. Comme le dit le fameux proverbe :

> C'est comme si nous changions tout le cours de la vie
> Quand nous changeons notre attitude envers elle.
>
> RALPH WALDO EMERSON

GARDER SON CALME

Apprendre à être assis à côté d'un voisin difficile, quoi qu'il fasse, en gardant notre propre force nous donne la base de toutes nos relations. Nous apprenons à « être » avec notre partenaire de façon aimante et constructive, quoi qu'il se passe. Nous ne prenons pas ses contrariétés trop à cœur et n'entrons pas dans son monde de douleur. Au lieu de cela, nous devenons pour lui une source de soutien en conservant notre propre force et notre réalité.

Dans les relations, certains sont perturbés lorsque leur partenaire n'est pas dans son assiette. Ils répondent à la colère par la colère, au rejet par le rejet, ou prennent ses soucis pour les leurs. Mais renoncer à votre propre réalité pour éprouver les mêmes sentiments que votre partenaire en croyant que cela l'aidera est toujours une erreur.

Si vous restez fermement debout et permettez à votre partenaire de vivre ses propres émotions en ne prenant pas les choses trop à cœur, vous lui faites un cadeau ; vous lui permettez de faire son expérience tout en ayant votre acceptation. Si vous n'êtes pas perturbé vous-même, il peut voir plus facilement la vraie source de son problème et trouver d'autres manières de réagir. En ne rejetant pas votre partenaire et en ne le blâmant pas pour ce qu'il ressent, vous lui offrez un amour inconditionnel.

Emily, trente-deux ans, avait fréquenté Dave, quarante ans, pendant quatre ans. Leur relation agréable était tombée dans une routine attendue. Ils rendaient visite à sa famille à lui pour Thanksgiving, à sa famille à elle pour Noël. Ils allaient dîner dans les mêmes restaurants et chaque année, en avril, prenaient deux semaines de vacances aux Caraïbes. Emily se demandait s'il pourrait jamais y avoir quelque chose de nouveau et d'excitant dans leur relation. De temps en temps, elle se surprenait à regarder des jeunes gens, imaginant des rencontres différentes et troublantes. Du coup, elle se demandait si elle pourrait toujours supporter la monotonie de la vie avec Dave. D'un autre côté, elle ne savait pas si elle devait rompre, gâchant ainsi quatre années de sa vie sans raison valable.

On pourrait dire qu'Emily restait avec Dave pour des raisons pratiques, basées sur son besoin de sécurité et la peur de perdre un temps précieux. Mais son désir d'autres hommes indique une forte envie d'excitation qu'elle ne trouvait plus (ou ne cherchait plus) auprès de Dave. Prise dans la routine tranquille qu'ils avaient établie, elle n'avait pas approfondi son expérience de l'amour véritable. En quittant un partenaire pour un autre, l'excitation peut augmenter pendant quelque temps, mais pour finir, cette attitude ne mène nulle part, si ce n'est à être « accro » à l'excitation et à avoir un besoin constant de changement.

ALLER AU SESSHIN

Comme l'angoisse d'Emily au sujet de sa relation avec Dave augmentait, elle s'est mise à pratiquer le zen. Elle a décidé d'assister à une séance, espérant qu'elle lui apporterait un changement radical. Nous allons souvent au sesshin dans le but d'obtenir ce sur quoi nous nous focalisons sur le moment. Emily désirait ardemment un changement dans sa relation et espérait que sesshin le lui procurerait.

« Je viens parce que je n'arrive pas à changer notre relation », a-t-elle dit à l'assistant qui l'inscrivait. « Et je ne peux plus attendre que quelque chose se produise. J'ai assez attendu. » En effectuant une semaine de sesshin, Emily pensait qu'elle ferait avancer les choses.

Après avoir été informée du déroulement de la semaine, elle a commencé à respirer profondément et s'est d'abord sentie soulagée. Elle était certaine que cette semaine constituerait un tournant dans sa vie ; en rentrant chez elle, elle ne serait plus la même et aurait le courage de quitter Dave immédiatement.

Nous espérons tous que nos souhaits se réaliseront quand nous entreprenons quelque chose de nouveau. C'est aussi le cas avec nos nouvelles relations.

À la fin de la première journée de sesshin, Emily était épuisée, morte d'ennui, triste et elle avait mal partout. Ses jambes étaient douloureuses et son dos tout raide. Elle ne pouvait pas croire qu'elle devrait poursuivre cette routine pendant toute une semaine. Quand elle s'était inscrite, elle ne s'était pas pleinement rendu compte à quoi elle s'engageait.

De même, aucun de nous ne sait à quoi il s'engage quand il se lance dans une relation. Au début, tout semble séduisant et excitant. Puis, l'inexorable réalité de la vie quotidienne s'installe. Emily se demandait comment elle allait pouvoir traverser cette semaine. Elle voulait en discuter avec quelqu'un mais, sauf en cas d'urgence, de maladie ou d'un besoin spécifique, il était interdit de parler. Ici, elle ne pouvait pas résoudre ses difficultés en les déversant sur quelqu'un d'autre.

En regardant autour d'elle, Emily a eu l'impression que tout le monde allait très bien. N'y avait-il qu'elle à se sentir aussi irritée ? Le soir, elle n'avait pas beaucoup de temps pour réfléchir car les lumières étaient éteintes une demi-heure après la fin du programme de la journée. Alors elle est restée à s'agiter dans son lit en se demandant comment elle serait capable de se lever à 4 heures et demie du matin.

VOULOIR QUE TOUT SE PASSE COMME ON LE VEUT

Vers le milieu du deuxième jour, Emily s'est sentie seule et en colère. Quand les repas ont été servis, elle a refusé de manger. Ainsi, ils sauraient que quelque chose n'allait pas, a-t-elle pensé en essayant d'attirer l'attention. Mais l'étudiant qui servait le repas s'est contenté de passer près d'elle et de servir la personne suivante. Elle s'est alors rendu compte qu'elle serait la seule à avoir faim si elle ne prenait pas ce qu'on lui offrait quand cela se présentait. De même, elle serait la seule à se sentir malheureuse si, pendant tout le sesshin, elle se focalisait sur ses propres préoccupations au lieu de se concentrer sur sa respiration, qui allait et venait sans tenir compte de rien d'autre, apportant une nouvelle vie à chaque instant et enlevant les vieilles douleurs. Mais Emily s'est contentée de rester là, à se demander comment elle pourrait s'en aller.

À la fin du troisième jour, refusant de renoncer à ses pensées et ses fantasmes, Emily a décidé de s'enfuir. Il n'était pas question qu'elle continue ainsi. Jour après jour, c'était la même chose qui recommençait. Il n'y avait ni changement ni relâchement. Elle avait l'impression que le monde entier pesait sur ses épaules, et il n'y avait personne pour l'aider ou lui parler. À l'exception des brèves rencontres avec le professeur qui ne portaient que sur son zazen, elle ne pouvait se tourner vers personne. Elle avait espéré que ce sesshin accélérerait sa vie, qu'elle cesserait d'attendre, mais ici, elle ne faisait rien d'autre que cela. Une fois assise, elle attendait désespérément que la cloche sonne pour marquer la fin de la session.

En un sens, sesshin est un microscope, qui intensifie et élargit à la fois notre mode de fonctionnement et les questions que nous nous posons. À mesure que les jours passent, il devient impossible de ne pas voir qui nous sommes et ce qui nous occupe. Se réfugier dans le déni et l'imagination n'est plus possible.

Pour Emily, être vivant impliquait le changement, l'excitation et rejetait l'ennui de la routine. Pendant le sesshin, pour survivre, elle devait complètement entrer dans la routine et la saisir à bras-le-corps. Elle devait oublier ses tracas personnels et être pleinement dans chaque instant qui se présentait. C'était le seul moyen pour que le temps s'écoule facilement. C'était le seul moyen de découvrir des moments de beauté et de joie.

À la fin du troisième jour, Emily a fait ses bagages juste avant que les lumières ne s'éteignent. Puis, dans le noir, elle s'est glissée par la porte de derrière et a regagné sa voiture, garée sur la colline.

Une fois sur la route, elle a été envahie par un sentiment de désarroi et d'échec et l'impression de ne pas avoir fait ce qu'il fallait en ayant abandonné la personne assise près d'elle. En continuant à rouler, elle s'est rendu compte qu'elle ne pouvait réellement fuir nulle part.

Alors, au milieu de la nuit, sur une route de campagne, elle a fait demi-tour et est arrivée à temps (très tôt) pour la session du matin. À l'exception d'un étudiant qui l'a regardée bizarrement au petit déjeuner, apparemment, personne ne s'était aperçu de son départ — et de son retour.

S'ENFUIR ET REVENIR

À un moment ou un autre du sesshin, presque tous les élèves ont l'impression qu'ils ne peuvent pas continuer. Mais quoi qu'il arrive, ils poursuivent attentivement leurs activités programmées, quoi qu'ils ressentent. En soi-même, c'est une énorme leçon, à la fois au sein du sesshin et pour les relations. Quoi que nous éprouvions, nous n'agissons pas de manière impulsive. Nous ne laissons pas nos sentiments décider du prochain pas à faire. Simplement, nous mettons un pied devant l'autre et continuons à faire ce qui doit être fait. Nous ne ressassons pas nos contrariétés ni ne leur attribuons une signification particulière. Si nous le faisons, il devient difficile de continuer.

Au fil des jours, on ne peut s'empêcher de voir les vagues de sentiments aller et venir, comme le flux et le reflux de l'océan. Au lieu d'être entraînés vers le large par nos fantasmes et nos émotions passagères, nous ramenons notre attention à ce que nous sommes en train de faire et à ce qui nous fait faire le pas suivant. En procédant ainsi encore et encore, les orages se dissipent et il devient plus facile de voir clairement.

Évidemment, il y en a qui fuient sesshin, tout comme il y en a qui fuient leur vie (et leurs relations). Au moment où ils se glissent par la porte de derrière, certains peuvent même éprouver un sentiment d'euphorie et de jubilation. On en est enfin sorti ! Ils vont peut-être sauter dans leur voiture et descendre la colline à toute allure, mais soudain, ils se rendent compte qu'ils ne peuvent pas vraiment s'enfuir. Où qu'ils aillent, ils vont avec eux-mêmes.

Il est difficile de partir. Il est encore plus dur de revenir. Certains ne le font pas parce qu'ils ne peuvent affronter la honte d'être partis. Mais lorsque quelqu'un est capable de retourner dans un sesshin (ou une relation), il a alors la possibilité de se l'approprier, d'apprécier sa valeur et aura acquis en route une certaine humilité. Il y en a qui se punissent d'être partis. Ce qu'il faut, c'est se concentrer sur la force nécessaire pour revenir.

On revient une fois que l'on a compris qu'il n'y a nulle part où s'enfuir, que l'on doit apprendre la patience, la persévérance et la beauté des tâches routinières de la vie. On est alors prêt à comprendre les relations, les mêmes situations auxquelles nous devons faire face avec notre partenaire, jour après jour. Alors, on est prêt à percer le vernis de l'ennui et à trouver ce que signifie vraiment aimer.

ARRÊTER LA GUERRE

En buvant une tasse de thé vert, j'ai arrêté la guerre.

IN *On ne peut pas voler la lune*

Ceux qui quittent sesshin et leurs relations le font à cause de la guerre qui fait rage en eux. Les conflits, les doutes et les souvenirs douloureux les assaillent constamment. Ils vivent leur vie en état de siège permanent, avec les autres et avec eux-mêmes. Lorsque quelque chose de gênant se produit, leur première réaction est la lutte, la résistance, la fuite. Ils mènent leurs relations de la même façon.

Joseph est venu au sesshin parce que la plupart de ses relations tournaient au pugilat. Peu à peu, il sentait que les femmes avec qui il sortait commençaient à vouloir le contrôler. Il le sentait venir à des kilomètres. À la minute où il percevait le moindre petit signe, ses poils se hérissaient sur sa nuque.

« Cela s'est produit si souvent que je suis devenu un expert en renoncements », dit-il. « Je leur fais savoir le plus tôt possible qu'elles ne peuvent pas me dominer. »

Joseph s'y connaissait pour tester les femmes. Il refusait subtilement de faire ce qu'elles voulaient et, dès qu'elles se montraient contrariées, il leur faisait comprendre qu'il n'était pas homme à se laisser malmener. Tôt ou tard, la relation prenait fin.

Pour finir, Joseph est devenu un étudiant du zen dans le but de se débarrasser de toutes les relations. Il voulait mettre fin à toutes ces batailles qu'il finissait par détester. Au début, il s'est assis sur son coussin par rejet, non seulement des femmes, mais de tous les types de relations. Il leur tournait le dos en disant non à tout. Cela lui donnait un étrange sentiment de victoire. Qui avait besoin des autres ? pensait-il. Il saurait satisfaire lui-même ses besoins.

Toutefois, ce n'est pas parce qu'il lui a tourné le dos que la guerre a cessé de faire rage. Ses luttes avec différentes femmes, son besoin de ne pas être dominé, tout cela se poursuivait dans sa tête. Après être resté assis pendant les premiers jours du sesshin, il a commencé à éprouver de nouveau une impression d'échec. Il a poursuivi sa propre bataille jusqu'au dernier jour, où on lui a servi une tasse de thé.

Joseph était épuisé, vaincu et honteux quand le moment est venu de se tourner sur son coussin pour recevoir une tasse de thé vert. C'était pourtant la dernière chose qu'il voulait faire, mais comme les autres, il a pris sa tasse qui était rangée derrière lui et s'est tourné pour la tendre aux serveurs qui arrivaient. L'un a mis une cuillerée de poudre verte dans la tasse, l'autre a versé de l'eau chaude et le troisième a remué le thé avec un fouet en bambou.

En portant la tasse à ses lèvres, Joseph s'est senti soudain complètement absorbé dans la sensation du thé chaud dans sa bouche. C'était délicieux. Merveilleux. Tout avait disparu, excepté le goût exquis du moment. Des larmes de gratitude ont coulé sur ses joues. Qu'y avait-il à combattre dans le monde ? Quel idiot il avait été !

À cet instant, le combat intérieur a cessé. Joseph était capable de recevoir le délicieux thé. Il était capable de le goûter totalement et d'éprouver de la reconnaissance pour cela.

Au lieu de se retrouver coincé dans des conflits hargneux avec quelqu'un d'autre, il vaut infiniment mieux être calme et apprécier ce que l'on reçoit, le goûter pleinement et dire merci. Et il vaut beaucoup mieux voir que la véritable origine de nos batailles ne se trouve probablement pas chez l'autre, mais dans l'insatisfaction qui bout en nous. Si nous ne parvenons pas à le voir à un moment ou un autre du sesshin et de la vie, il peut être difficile de continuer.

DÉVELOPPER LA PERSÉVÉRANCE

Pour parvenir au point où Jeff est arrivé, la persévérance est indispensable. Durant sesshin, au fil des jours, des réactions à n'en plus finir, des fantasmes, des récriminations, des désirs et de vieux souvenirs vont se manifester. Quand on ne les fuit pas, on fait l'expérience de la cacophonie intérieure qui dirige notre vie. Elle peut être parfois perturbante, parfois séduisante. Mais, que cette manifestation soit agréable ou non, on apprend à prendre conscience que tout cela ne fait qu'aller et venir. Ce n'est que le décor de notre pratique. Ce n'est pas la route essentielle qui mène chez soi.

De nombreuses relations sont alimentées par ce changement de panorama. Au lieu d'être conscient de ce qui nous guide, on pense que l'autre personne est la cause de notre bonheur, ou va mettre fin à notre souffrance. En fait, il arrive que les relations ne servent à rien d'autre qu'à nous empêcher de prendre contact avec ce qui est à l'intérieur de nous.

Pendant sesshin, lorsque nous sommes assis sans bouger pendant des heures, la douleur physique et l'inconfort se réveillent. Comme nous ne pouvons pas remuer pour les soulager, nous finissons par constater avec surprise que la douleur, elle aussi, va croître puis décroître. Comme dans les relations, un moment de session peut être douloureux, le suivant joyeux. Plus nous persistons, plus il est facile de tout inclure. En étant assis sans bouger, au milieu de ce qui peut sembler une douleur insoutenable, quelque chose d'étonnant se produit : la douleur finit par s'évanouir, se transformant souvent en une joie pure.

Inutile de dire qu'il peut en aller de même des relations, juste avant que nous soyons prêt à atteindre un niveau plus profond ; la douleur et la peur s'élèvent souvent, en faisant fuir beaucoup. Si l'on parvient à traverser ces émotions indésirables, quelque chose de très beau peut alors avoir la chance d'émerger. Faire sesshin, c'est s'entraîner en profondeur à ne pas fuir et à persévérer quoi qu'il se passe, en faisant simplement ce qui vient ensuite. Il n'y a rien de plus fondamental que notre capacité à développer et endurer les relations, ce que propose l'entraînement de sesshin.

FAIRE CE QUI A BESOIN D'ÊTRE FAIT ENSUITE

Un étudiant avait voyagé longtemps pour voir un grand maître du zen. Finalement, il arriva à sa cabane. Le maître l'accueillit dans son humble demeure et lui offrit une tasse de thé. L'étudiant accepta avec empressement. Lentement le maître prit une théière, la remplit d'eau et la posa sur le poêle. Le maître et l'étudiant restèrent assis en silence, attendant que l'eau boue. Enfin, après ce qui parut des siècles à l'étudiant, le thé fut prêt.

Lentement, le maître lui apporta une tasse et ils s'assirent ensemble pour boire.

Quand il eut fini, l'étudiant posa sa tasse.

« Avez-vous bu tout votre thé ? demanda le maître.

— Oui.

— Parfait. Maintenant, lavez votre tasse. »

IN *On ne peut pas voler la lune*

Il existe une grande tendance, chez nous tous, à rester où nous étions, à retourner le passé dans notre esprit, encore et encore, et à refuser de laisser passer l'instant. Pourtant, dans les relations, au lieu de rester bloqué à ressasser le passé et ce qui aurait dû être fait ou dit, il est fondamental d'être pleinement dans l'instant présent, et, quand il est passé, d'aller immédiatement au suivant.

Le maître de l'histoire a fait preuve d'un grand amour pour l'étudiant. Il l'a reçu dans sa cabane, a préparé le thé et a fait attendre l'étudiant avec lui pendant que le thé bouillait. Puis il lui a donné une instruction cruciale : « Après avoir bu votre thé, lavez votre tasse. »

Ne laissez pas de traces derrière vous. Quand une activité est terminée, faites ce qui doit être fait ensuite. Après avoir été servi, prenez soin de ce qui vous a servi. Ne négligez pas la tasse. Soyez reconnaissant pour tout ce qui est offert. Et soyez attentif à la façon dont vous le recevez.

C'est aussi une instruction fondamentale pour ce qui est des relations. L'étudiant devait attendre que le thé boue jusqu'à ce que le maître juge le moment approprié pour le verser, puis le boire. Dans une relation, combien sont capables d'attendre le bon moment pour faire le pas suivant ? Souvent, nous bousculons les choses bien avant que l'autre ne soit prêt, ou bien nous hésitons jusqu'à ce qu'il soit trop tard pour agir. Parfois nous recevons le thé (la personne avec laquelle on vit) sans y penser, sans être vraiment présent ni le goûter, nous contentant d'avaler à la hâte ce qui se trouve dans la tasse, sans y prêter attention.

Combien d'entre nous sont simplement capables de laver leur tasse — de faire ce qui vient ensuite dans leur relation, de prendre soin de ce qui en a besoin, sans laisser de fouillis derrière eux ? Au lieu de cela, beaucoup restent fixés sur un aspect de la relation et n'ont aucune idée de la manière de procéder, de l'étape à franchir ensuite. Ils s'accrochent à leurs ressentiments ou refusent d'avancer avant que leurs besoins soient satisfaits.

Après avoir bu votre thé, lavez simplement votre tasse. Le meilleur moyen de surmonter ses ressentiments est de rester dans le présent et de s'occuper de l'action suivante qu'il y a à mener, puis la suivante, l'une après l'autre. Cette attitude supprime l'emprise du passé sur vous et permet à chaque instant d'être renouvelé et frais. Inutile de se demander comment faire. L'endroit où vous êtes vous montrera toujours ce qui est nécessaire. Essayez et voyez.

PRENDRE TOUTE L'HEURE DU THÉ

Sesshin nous enseigne à respecter le temps, à cesser de nous précipiter en restant fermement planté dans l'instant et dans ce qu'il attend de nous. On apprend à ne pas courir de manière impulsive mais à se concentrer sur les simples routines. Si vous apprenez à prendre toute l'heure du thé pour boire votre thé, vous serez aussi capable de prendre tout le temps qui vous est donné pour être vraiment avec la personne qui est avec vous, qui que ce soit. Vous ne serez pas tenté(e) de la fuir par ennui, agitation, peur, solitude ou quoi que ce soit qui se manifeste en vous. Au lieu de cela, vous deviendrez vous-même un espace dans lequel une vraie relation peut s'installer.

En fait, peu importe qui est l'autre. La capacité d'aimer et d'être présent dépend entièrement de vous. Quelle que soit la personne assise à côté de vous ou celle qui apparaît sur votre chemin, cela fait partie de l'étonnante manifestation de la vie. Pourquoi ne pas l'accepter et la révérer ? Pourquoi ne pas offrir à tous une tasse de thé merveilleusement préparée ?

les étapes de l'amour : rester où l'on est

1. LA PERSÉVÉRANCE

Qu'est-ce qui a besoin de persévérance dans votre vie ? Avec quelles relations vous êtes-vous montré(e) persévérant(e) ? Lesquelles avez-vous arrêtées net ? Notez la différence entre elles et voyez ce qui vous a permis de continuer. Que ressentez-vous ?

Aujourd'hui, choisissez une relation qui est presque en lambeaux et décidez de persévérer. Maintenez votre concentration. Faites ce qui doit être fait pour que la porte reste ouverte. Faites-le, quoi que vous ressentiez. Observez ce qui se passe alors, pour tous les deux.

2. ÉGAYER LES RELATIONS

Que faites-vous pour égayer vos relations, pour les empêcher de devenir monotones et ennuyeuses ? Quelle sorte de pression cela met-il sur vous et l'autre personne ? Cela vous permet-il, à l'un comme à l'autre, d'être vrai ?

Que se passe-t-il si vous arrêtez d'agir ainsi ? Considérez la question. Est-il nécessaire d'instaurer une communication ? Y a-t-il de la tristesse entre vous ou un sentiment de désarroi ? Prenez le temps de partager et d'explorer totalement cet aspect. Souvent, on agrémente une relation d'une couche de sucre pour couvrir quelque chose qui manque ou qui ne tourne pas rond. Parfois, cela empêche la nouveauté de se produire. Peu à peu, cessez de chercher à égayer votre relation et voyez ce qui se passe. Puis, recommencez avec une autre. L'énergie ainsi restituée sera alors disponible pour un vrai mouvement et une vraie croissance.

3. METTRE FIN À LA GUERRE

Quel est le sujet de discorde qui revient constamment dans votre relation ? Contre qui luttez-vous réellement ? Qu'est-ce qui est en jeu dans cette bataille ? Si c'est le pouvoir et le contrôle que vous recherchez, que se passe-t-il quand vous l'obtenez ? Votre soif est-elle apaisée ? Vous sentez-vous vraiment puissant et invulnérable, ou n'est-ce qu'un mirage ? (Généralement, l'effort fourni pour dominer les autres vous laisse plus fragile et nerveux qu'auparavant.) Et qu'arrive-t-il à l'autre personne ? Est-il possible d'être amoureux et de partager de la joie dans un scénario comme celui-là ?

Aujourd'hui, décidez que la guerre est finie. Décidez qu'il n'y a pas de bataille à gagner. Que se passe-t-il ? Les relations sont-elles soudain devenues ennuyeuses et vaines ? Pouvez-vous endurer cette sensation d'ennui et permettre à quelque chose de nouveau de s'ouvrir ?

4. S'ÉCHAPPER

Dans votre relation, combien de temps passez-vous à vous échapper ? (Ou à y penser et à le faire silencieusement.) De quelles façons particulières vous échappez-vous ? Écoutez-vous l'autre en souriant, alors que vous êtes à des kilomètres de là ? Rêvez-vous en silence à d'autres personnes ? Pensez-vous constamment que cette relation est un pis-aller ?

Que fuyez-vous actuellement ? Si vous saviez que vous n'aviez plus que quelques jours à passer sur terre avec cette personne, comment seriez-vous ?

Faites une longue promenade avec elle, abandonnant toutes distractions. Soyez simplement ensemble aussi totalement que vous le pouvez. Concentrez-vous sur celui (ou celle) qui est réellement là, avec vous. Laissez-le être ce qu'il est. En même temps, autorisez-vous à être ce que vous êtes. Quand vous vous sentirez prêt(e), prenez sa main.

5. NE RENONCEZ PAS À UNE PERSONNE, NE RENONCEZ PAS À VOUS-MÊME

Quand on renonce à quelqu'un, on renonce en même temps à soi-même. Cette instruction provient des enseignements *lojong* du bouddhisme tibétain. Ils exhortent à la persévérance, la confiance et la faculté de maintenir le cap à travers les changements. Cela ne signifie pas que l'on ne doive pas quitter une relation, mais on ne doit pas écarter ou rejeter quelqu'un de notre cœur.

Pensez à quelqu'un à qui vous avez renoncé. Quelle forme cela prend-il ? Rappelez-vous simplement l'instruction et arrêtez-vous. Prenez conscience que cette personne contient tout en elle, comme vous. La croissance, l'amour et la bonté sont possibles pour tous. Ne renoncez pas à cette personne, voyez ce qu'il y a de meilleur pour elle et en elle. Faites la même chose avec vous.

Année après année,
Les fleurs apparaissent, semblables...
Année après année...
Les hommes ne sont pas les mêmes.

ZENRIN LEWIS,
The Book of the Zen Grove

chapitre 10

SE DÉBATTRE AVEC SON KOAN

(travailler sur les problèmes)

Vous le cherchez devant vous
Et soudain il est derrière vous.

ZENRIN LEWIS,
The Book of the Zen Grove

LA PLUPART D'ENTRE NOUS TRANSFORMENT TOUT CE QUI LEUR ARRIVE, notamment dans les relations, en un problème à résoudre, de sorte que chaque journée ne tarde pas à devenir une véritable course d'obstacles et nous sommes constamment mis à l'épreuve. Certains préfèrent reporter toute action jusqu'à ce qu'ils aient envisagé toutes les stratégies et les issues. Ils veulent savoir exactement à quoi ils seront confrontés avant de faire le moindre mouvement. Dans le même genre, il y a ceux qui ne s'aventurent pas hors des sentiers familiers, de la routine ou des groupes d'amis par crainte d'être surpris. Ne pas être préparé est le plus grand cauchemar qu'ils puissent vivre. Ils redoutent de ne pas connaître la « bonne » réponse à apporter. Se tromper est pour eux un vrai désastre. Chaque action qu'ils entreprennent est entachée de la crainte des conséquences.

L'inquiétude et la peur que ces personnes connaissent peuvent être particulièrement paralysantes dans le domaine de l'amour, et rapidement, leurs relations deviennent le problème majeur de leur vie. Après tout, il y a une grande probabilité d'échec dans une relation... mais aussi la plus grande récompense possible : l'amour.

Mais aborder la vie comme si elle devait être conquise ou vaincue n'est pas la meilleure manière de mener une vie d'amour ; cela ne fait que procurer la sécurité. L'amour n'est pas sûr, et il n'est pas le résultat de stratégies adoptées par un esprit rationnel. L'amour nous prend par surprise, lorsque nous sommes ouvert et prêt à le recevoir. Se préparer à tomber amoureux nécessite une approche totalement différente. Nous devons découvrir une nouvelle façon d'affronter les problèmes. En procédant ainsi, on peut même découvrir qu'en fait, il n'y a pas de problèmes, seulement des koan que la vie nous soumet constamment.

Une partie essentielle de la formation du zen consiste à savoir ce qu'est un koan, être prêt à le recevoir et, quand on nous l'a donné, apprendre à le résoudre. Le travail de résolution des koan est en fait un entraînement à l'art d'apprendre à tomber amoureux.

Dans toute relation, il y a des problèmes apparemment insolubles qui génèrent des sentiments de confusion et d'impuissance des deux côtés. Chaque partie se bat pour convaincre son (sa) partenaire de la validité de son point de vue et souvent, le débat aboutit dans une impasse. Ces problèmes peuvent même devenir des obsessions, amenant des individus à revivre indéfiniment la même confrontation, en vain. Ils ne tardent pas à s'épuiser, et une fois que ce processus est allé au bout de ce qu'ils pouvaient supporter, c'est la fin de la relation. (Ce bourbier dont on ne parvient plus à s'extraire est la principale cause de rupture.) Une relation n'aura réellement de chances de s'épanouir et l'amour de grandir que si l'on apprend à vivre avec ces problèmes.

LA LEÇON DU ZENDO : TRAVAILLER SUR UN KOAN

Quand un étudiant du zen acquiert suffisamment de maturité dans sa pratique, il reçoit un koan du maître du zen. Un koan est un problème ou une énigme apparemment insoluble, du genre : *Écoutez le son d'une seule main qui applaudit*, ou : *Montrez-moi votre visage originel, avant que vos parents ne soient nés*. Les koan défient la compréhension logique. Ils ne peuvent être pénétrés par l'esprit rationnel et on ne peut y répondre par des formules ou des slogans. Plus on essaie d'y réfléchir, plus on s'éloigne du but. Pourtant, il faut apporter une réponse au maître. On dit dans le zendo que, à moins que quelqu'un ne résolve le koan ou pénètre l'essence de sa vie, il aura manqué une grande opportunité et risque de ne jamais savoir qui il est réellement.

Naturellement, en abordant son koan, l'élève échoue sans cesse. Comme dans les relations, il se sent souvent idiot, frustré et honteux. Par-dessus le marché, il a l'impression qu'il n'y a pas de solution à la galère dans laquelle il se trouve.

Mais apprendre à travailler sur un koan, à laisser la solution venir à nous, fait partie du processus de sa résolution. Tout le monde doit supporter des sentiments de honte et de stupidité avant de changer sa façon habituelle de se confronter au monde.

Afin de réussir notre koan (c'est-à-dire d'apprendre à traiter les problèmes insolubles de la vie et des relations), nous devons franchir une étape radicale, en bousculant notre façon de connaître le monde et de le percevoir à travers notre conditionnement.

Habituellement, pour savoir ce qui est juste, nous nous fions à ce que nous disent notre esprit rationnel et nos sens. Nous observons, mesurons et définissons afin d'obtenir maîtrise et contrôle. Nous pensons qu'en modelant ainsi le monde, nous avons le pouvoir et les commandes.

En fait, nous passons une bonne partie de notre vie à chercher à l'extérieur ce que nous savons déjà. En nous plongeant dans des disciplines aussi variées que la psychologie, la théologie et la sociologie, nous espérons que quelqu'un d'autre va fournir des réponses et une assurance à notre existence. Nous devenons prêtres, rabbins ou psychanalystes afin d'avoir une compréhension plus profonde de notre vie. Sans cela, nous nous considérons comme complètement aveugles. Et en un sens, c'est vrai.

Les connaissances scientifiques et objectives ont leur fonction et leur grande utilité, mais elles ne peuvent guérir une relation en souffrance ; elles ne peuvent restaurer notre confiance en l'amour.

L'amour commence là où finit la science. On ne peut connaître l'amour à travers l'observation, car il n'a pas de forme. Bien que l'on puisse prolonger une relation, on ne peut pas contrôler l'amour qui nous unit. Pour obtenir l'assurance et la compréhension de son royaume, pour répondre aux koan que la vie nous soumet, nous devons cesser de chercher des réponses dans le monde logique.

Au lieu de cela, tournons-nous vers notre expérience profonde, qui ne nous amènera pas à *savoir* plus, mais à *être* davantage. Nous n'utilisons pas seulement notre cerveau, mais notre être tout entier. Cela peut nous apprendre à évoluer dans une relation et à apporter force, simplicité et beauté. Cette connaissance intérieure nous dit que, en dépit de nos prétendus problèmes insolubles, tout va bien.

Afin d'entrer en contact avec ce qui est en nous, il est nécessaire de poser des questions nouvelles, de voir les événements de notre vie avec d'autres yeux. N'essayons pas de modeler ou contrôler notre expérience, ni de l'expliquer. Regardons-la simplement, faisons connaissance, puis laissons-la nous instruire et être notre guide.

SUIVRE LA VOIE DE L'HUMILITÉ

D'une certaine façon, nous décrivons la voie de l'humilité. Elle exige la force d'abandonner notre besoin de contrôler notre monde et nous-même, et de reconnaître que vraiment, nous ne sommes pas les plus puissants ; il y a quelque chose de plus vaste que nous, auquel nous devons simplement apprendre à nous relier afin de trouver nos vraies réponses.

Platon disait que nous sommes nés en sachant tout et que la vie nous faisait tout oublier. Nous avons oublié d'où nous venions et où nous allions. Nous avons oublié notre fonction sur cette belle terre. À présent, en travaillant sur nos koan, nous nous rappelons simplement la connaissance qui a toujours été la nôtre.

En temps de crise, de douleur et de tristesse, il est extrêmement urgent d'apprendre à se relier à sa source intérieure de sagesse et de force. Les koan nous donnent cette opportunité. Ils sont les miroirs qui nous permettent de voir en nous.

Diana, trente-six ans, fréquente Jason depuis un an et s'en est trouvée très heureuse — la plupart du temps. Mais les problèmes ont commencé à surgir à mesure qu'ils se connaissaient davantage : des différences de points de vue, des idées divergentes sur la façon de voter, de dépenser l'argent, sur l'endroit où ils allaient vivre, sur le nombre d'enfants qu'ils auraient et l'éducation à leur donner. Pourtant, ils s'aimaient profondément et Diana était d'avis que leur amour mutuel pouvait tout surmonter. Mais se trompait-elle ? Leur relation méritait-elle qu'elle y consacrât tous ses efforts ? Le problème finirait-il par se résoudre ?

D'aucuns diraient que Diana est tout simplement tombée amoureuse de la mauvaise personne et se trouve dans une situation chargée de conflits. D'autres estimeraient qu'elle manque de souplesse pour partager la vie de quelqu'un de si différent d'elle ; elle pourrait choisir un partenaire plus proche de ses idées. D'un autre côté, son amour pour Jason pourrait la faire grandir, développer de nouveaux aspects d'elle-même et pour finir, lui faire découvrir des modes de vie entièrement nouveaux. Quelle voie devait-elle prendre ? Elle ne parvenait pas à se décider. Ce conflit ne semblait pas avoir de solution, et peu à peu, il érodait leur amour.

QUI ME DEMANDE CELA ?

Lorsque Diana a commencé la pratique du zen, son obsession de Jason s'est intensifiée, l'empêchant même de dormir. Elle ne pouvait ni s'accrocher à lui ni le laisser. Même pendant zazen, elle avait continuellement à l'esprit sa relation avec lui.

À sa demande, elle a obtenu une entrevue avec le maître du zen. Diana en était tout excitée. Elle l'avait vu plusieurs fois dans le zendo et était très impressionnée. Il marchait avec une telle assurance, parlait avec une telle autorité qu'elle savait qu'elle était en de bonnes mains. Il verrait la situation telle qu'elle était.

Durant l'entretien, le maître du zen lui a offert une tasse de thé. Tout en buvant, Diana s'est mise à parler abondamment, déversant tous les détails de son problème auquel elle cherchait une solution. Le maître du zen a reposé fermement sa tasse sur la table et a dit : « Qui me demande cela ? »

« Qui me demande cela » est un koan. Qui est celui qui m'apporte ce problème ? Pourquoi est-ce un problème ? Il a retourné complètement la situation. Au lieu de ressasser les différents aspects de sa situation, Diana devait s'attarder sur celle qui lui avait exposé le problème.

Immédiatement, elle s'est tue.

« Alors ? a-t-il grogné, attendant une réponse.

— Je ne sais pas, a-t-elle répondu maladroitement.

— Alors, trouvez-le ! »

Il s'est levé rapidement et est parti. Diana est restée assise, abasourdie.

Si nous ne savons pas *qui* pose la question — *qui* est en désaccord avec son partenaire, *qui* cherche la réponse — nous ne trouverons jamais d'issue.

À mesure que Diana travaillait sur son koan, son obsession s'est peu à peu dissipée. Elle avait porté son attention ailleurs, sur la véritable source de son expérience. Il ne lui importait plus guère de savoir si Jason aimait ou non certaines choses, ou s'il les envisageait différemment. Il y avait de la place pour lui pour être ce qu'il était, et pour elle pour avoir ses propres opinions. Quand il a essayé de la relancer au sujet de leurs habituels points de friction, Diana ne s'est plus jetée dans la bataille comme auparavant. Au contraire, elle l'a écouté attentivement. Simplement écouté. Elle s'est sentie merveilleusement bien en agissant ainsi, sans avoir à répondre ni à tenter de tout régler.

« Alors, que ferons-nous si nous ne sommes pas d'accord sur l'éducation des enfants ? a insisté Jason, persistant dans son anxiété.

— Nous le saurons quand nous en serons là, a simplement répondu Diana. Quand la situation se présentera, nous l'étudierons. »

Diana n'avait plus besoin de se projeter dans le futur pour savoir ce qui se passerait ou non avec Jason, et avait suffisamment confiance en elle pour laisser la vie apporter ce qu'elle devait apporter. Elle serait capable de répondre le moment venu.

SAVOIR QUE FAIRE QUAND NOUS EN SERONS LÀ

Souvent, nos soucis, nos récriminations, nos « problèmes » et nos luttes tournent autour de la même question : comment faire face à une situation que l'on projette dans le futur. Il est impossible de tomber amoureux et de le rester quand ce genre de préoccupation nous envahit. On n'est pas présent et disponible dans l'instant, mais emmêlé dans un fantasme qui s'est emparé de notre esprit.

En réalité, la plupart de nos projections n'ont pas lieu ; au moment fatidique, il se passe autre chose. Et quand cela se produit, on est une personne entièrement différente, avec des ressources différentes. La situation peut nous paraître alors complètement changée.

La plupart des problèmes que nous affrontons sont de simples créations de notre esprit. Ils n'ont pas d'existence propre. S'ils en ont une, on peut s'en occuper naturellement, en un instant. Si nous mettons toute notre confiance et notre attention dans notre esprit obsessionnel, nous pouvons être assuré que nous connaîtrons un problème insoluble après l'autre. En mettant notre confiance et notre attention au plus profond de nous-même, dans notre zazen, les solutions se présentent en abondance. Elles se manifestent quand on en a besoin. Quand une question se pose, nous savons que faire.

LA NATURE DE L'OBSESSION

La plupart du temps, lorsque nous pensons travailler sur des « problèmes », nous ne faisons que les transformer en obsessions. Nous retournons sans cesse les mêmes idées dans notre esprit, sans laisser de place à un peu d'air frais. Quelque part, nous croyons qu'il n'y a qu'une seule solution et que cette solution est bonne, les autres étant mauvaises. Si nous tentons de considérer le problème sous un angle différent, notre esprit obsessionnel nous dissuade de le faire — c'est pour lui une question de vie ou de mort.

Les pensées obsessionnelles nous privent d'espoir et déforment la réalité, créant la confusion et permettant la manipulation de notre esprit. Aussi est-il extrêmement important de comprendre ce qui nous attend quand nous entreprenons un koan, quand nous nous efforçons de résoudre les problèmes impénétrables de nos relations. Nous sommes alors confronté à tout ce qui nous enferme et nous limite, nous faisant mener une vie de problèmes et de souffrances plutôt qu'une vie d'amour.

Les koan dissolvent les pensées obsessionnelles parce que, quand nous travaillons sur eux, nous ne « pensons » pas de manière rationnelle. Notre esprit rationnel ne trouvera jamais la réponse. Lorsque nous travaillons sur notre koan, d'une certaine manière nous devons nous asseoir dessus, comme une mère poule couve ses œufs dans son nid. Pour résoudre le koan, nous devons faire appel à une autre partie de notre être, celle qui connaît directement la vie et réagit d'une manière claire et spontanée. La réponse que nous recevons est une nouvelle forme de communication, qui évite la confusion et les distorsions créées par l'esprit rationnel.

ÉLIMINER LES MESSAGES MITIGÉS

Les messages mitigés que nous recevons constamment des autres et de nous-mêmes alimentent les pensées obsessionnelles et maintiennent nos relations dans l'agitation. Ils sont transmis par ceux qui disent une chose et en font une autre, se présentent d'une manière et agissent d'une autre. Ne sachant à quel message répondre, celui qui se trouve en face d'eux est paralysé, incapable de choisir et d'agir de manière appropriée.

C'est aussi ce que l'on appelle une mystification. Elle décrit les efforts conscients ou inconscients d'une personne pour désorienter ou nier les sentiments et les perceptions d'une autre. Celui qui agit ainsi a l'impression d'être ambivalent et essaie de gérer deux sentiments opposés en même temps. Il peut à la fois aimer et haïr son (sa) partenaire. Il peut avoir envie à la fois de le (la) voir se rapprocher et s'en aller. Il communique simultanément ces sentiments opposés et l'autre ne sait quel message il doit écouter ou croire. On entend souvent : « Je sais qu'il m'aime, pourtant il fait tout pour saboter notre relation. À un moment il se rapproche, et la minute d'après il s'enfuit. » Cette confusion détruit une relation. Dès qu'elle commence à se manifester, le signal d'alarme doit se mettre en marche.

Ce genre de communication confuse est monnaie courante dans les relations et il faut en comprendre les conséquences. La personne qui reçoit ces messages contradictoires a souvent l'impression de ne pas avoir de bases solides sur lesquelles s'appuyer, car elle ne sait à quel message répondre. Rapidement, il lui semble qu'on est en train de la rendre folle. Et c'est le cas. Pour mener une vie d'amour saine, nous devons savoir où nous sommes et ce que l'on attend de nous, pour être capable de répondre directement aux messages que nous recevons.

Contrairement à la communication confuse qui peut exister dans une relation, la réponse à un koan est toujours claire. Comme un poussin perce sa coquille, la réponse se révèle directement, évitant les fantasmes et les obsessions, et tous les mensonges que nous disons et entendons. En travaillant sur nos koan, nous nous attaquons directement à l'essence même de l'esprit confus.

Quand Sara est arrivée au zendo, elle était prise dans un enchevêtrement de messages mitigés, et ses efforts pour les résoudre s'étaient transformés en une obsession autour de son petit ami.

« Je passe mon temps à tenter de démêler le vrai du faux, a-t-elle expliqué avec angoisse. J'ignore s'il m'aime ou non. Il prétend qu'il m'aime, mais je ne le sens pas. Il fait constamment des commentaires étranges sur moi et, quoi qu'il dise, j'ai l'impression qu'il me méprise. Plus nous sommes ensemble, plus je me sens mal avec moi-même. Chaque fois qu'il entre dans la pièce, je me demande si je serai à la hauteur cette fois. Il me dit que je deviens folle, qu'il n'y a rien de vrai dans ce que je ressens et qu'il est absolument amoureux. »

TROUVER SA PROPRE BOUSSOLE

Sara avait perdu sa boussole. Elle ne savait plus quels messages écouter et lesquels ignorer. À mesure que la relation se poursuivait, elle a eu l'impression de passer au tribunal chaque fois qu'il était là. Allait-il trouver quelque chose d'autre qui n'allait pas aujourd'hui ?

Au lieu de respecter ses sentiments et d'agir sur eux, Sara a commencé à croire qu'elle devenait folle. Elle acquiesçait à ce que disait son ami, tout en souhaitant désespérément qu'il tienne compte aussi de son point de vue à elle. Elle lui donnait des exemples de sa conduite qui la mettaient mal à l'aise, comme quand il lui posait un lapin, ne l'appelait pas alors qu'il avait promis de le faire ou disait du mal d'elle devant les autres. Mais tout cela, il n'en tenait pas compte et semblait déconcerté. « Tout ça n'a aucune importance, je t'ai dit que je t'aimais », concluait-il.

Même pendant zazen, Sara ressassait continuellement les mêmes pensées. Lequel des deux avait raison ? se demandait-elle. S'il l'aimait autant, pourquoi se sentait-elle aussi mal ? Était-il possible qu'elle ne puisse pas recevoir d'amour ? L'un des deux devait être fou. Comment savoir lequel ?

Sara devait apprendre à accepter ses propres sentiments, perceptions et expériences, même s'ils étaient différents de ceux de son partenaire et de ceux des autres personnes qui l'entouraient. Elle devait apprendre à reconnaître son être intuitif.

Pour résoudre un koan, nous devons absolument connaître et accepter celui qui vit en nous.

DÉCOUVRIR LA BONNE RÉPONSE

Quand ils commencent à travailler sur leur koan, la plupart des gens croient qu'il n'y a qu'une bonne réponse et que, s'ils ne la trouvent pas, ils vont échouer. D'une façon similaire, beaucoup sont d'avis qu'il n'existe qu'une seule personne qui leur convienne dans la vie, et que, s'ils la perdent, ils ne retrouveront jamais quelqu'un d'autre. L'amour devient une affaire de réussite ou d'échec, qu'il soit ou non confirmé par un autre.

En travaillant sur leur koan, ces personnes passent un temps infini à tenter d'obtenir la bonne réponse qui sera approuvée par le maître du zen. Heureusement, dans la pratique du zen, plus un élève agit ainsi, plus le maître dit non. Vouloir faire plaisir à un autre, rechercher l'approbation, revêtir la réalité d'un autre, tout cela n'est jamais la réponse au koan de la vie. Ce n'est jamais la façon de mener une vie d'amour.

Le processus même de travail sur les koan nous apprend à cesser ce type de comportement. Il nous montre qu'il peut y avoir de nombreuses bonnes réponses, que nous ne pouvons échouer tant que nous pratiquons et que l'acte même d'apporter une réponse est en lui-même un succès. Au-delà de cela, si nous continuons simplement, tôt ou tard une réponse doit émerger. Il ne peut pas en être autrement. Le fait de travailler sur les koan nous montre aussi que l'autorité finale réside en nous-même.

C'est le même processus dans les relations. Il est impossible d'échouer si nous développons l'amour. Que la personne l'accepte ou non est secondaire. C'est notre faculté d'aimer qui fait la différence. En étant capable de se reconnaître et de s'accepter complètement, quelle que soit la réaction de la personne, nous sommes également capable d'accepter et de reconnaître l'autre tel qu'il est.

La crainte, la confusion et la manipulation n'ont jamais fait naître l'amour. Elles génèrent l'attachement, la dépendance et la possessivité, ces contrefaçons avec lesquelles beaucoup d'entre nous vivent. En voyant les relations comme des koan, comme des chances d'être direct, unique et clair, nous ouvrons la porte à toute la force et tout le bonheur qu'une relation d'amour est prête à apporter.

À mesure que la pratique de Sara s'approfondissait, au lieu d'écouter les déclarations de son ami ou de se focaliser sur sa conduite, elle s'est absorbée dans l'expérience d'être au présent, de simplement regarder, écouter et d'être consciente de tout ce qui se manifestait à elle. Au lieu de s'axer sur le monde extérieur, elle s'est centrée sur celui qu'elle percevait en elle.

« Ce qu'il faisait ou non, disait ou ne disait pas a peu à peu perdu son pouvoir sur moi, a-t-elle raconté. Je m'ancrais en moi-même, commençant à comprendre où je me trouvais, qui j'étais, et je suis devenue moins avide d'obtenir son approbation. Je voyais son comportement comme un reflet de son esprit. Notre relation n'a pas tardé à se détériorer. Il ne pouvait pas supporter le fait que je ne sois plus perturbée. Pour lui, cela signifiait que je ne l'aimais pas. De mon côté, je voyais tout cela comme une sorte de danse folle. Je n'ai pas eu de mal à quitter la piste quand j'ai vu de quoi il s'agissait. »

Sara a été capable de trouver un nouvel ancrage, une nouvelle manière de percevoir ce qui se passait dans leur relation. En étant enracinée dans sa propre vérité, elle n'a pas donné prise aux fantasmes qui n'avaient ni fondement ni espoir. Elle a trouvé la liberté de rester et la liberté de partir.

VOIR DE QUELLE RÉALITÉ IL S'AGIT

Le manque de confiance dans sa propre réalité constitue un plus grand danger que le fait d'avoir raison ou tort, ou de décider lequel est fou. Le manque de confiance dans sa réalité est la cause d'une souffrance interminable, d'une attitude indécise et de la perte de l'estime de soi. On ne pourra jamais résoudre un koan ou vivre une merveilleuse relation si on n'a pas confiance en son propre être intérieur.

Nombreuses sont celles qui disent : « Je ne sais pas ce qui s'est passé, mais au fil du temps, j'ai eu l'impression de disparaître dans ma relation. La personne que j'étais au début est devenue quelqu'un d'autre, quelqu'un que je pouvais à peine reconnaître. J'ignore comment c'est arrivé, mais j'ai fini par devenir celle que mon ami voulait que je sois. Après notre rupture, j'étais complètement perdue. À présent, je crains de commencer une autre relation. »

Le manque de connaissance de soi et de confiance en soi fait que beaucoup « disparaissent » dans leur relation ou deviennent quelqu'un qu'ils ne reconnaissent pas. Certains adhèrent à la réalité de leur partenaire pour lui faire plaisir ou empêcher la situation de se dégrader. C'est le prix qu'ils pensent devoir payer pour être aimés. Mais ce prix est très élevé et n'a rien à voir avec l'amour. Lorsque nous renonçons à notre réalité, nous renonçons à nous-même. Comment pouvons-nous aimer et recevoir l'amour de l'autre si nous ne sommes pas là ? Quand nous sommes dans une véritable relation d'amour, nous recevons le cadeau d'être reconnu et accepté. Nous sommes davantage ce que nous sommes, et non pas moins. Nous recevons l'espace dans lequel nous pouvons nous épanouir. C'est ainsi que nous savons que nous sommes dans une relation d'amour. Nous nous épanouissons, et celui ou celle que nous aimons s'épanouit également.

Nous sommes tous des fleurs qui s'épanouissent
dans un univers en floraison.
SOEN ROSHI

Pour nous épanouir, pour résoudre notre koan, nous devons apprendre à apprécier et reconnaître notre propre connaissance intérieure, à vivre notre propre réalité et celle de personne d'autre.

les étapes de l'amour : résoudre nos problèmes

1. VOTRE KOAN

Avec quel koan êtes-vous aux prises quotidiennement, bien que vous ne l'ayez peut-être pas vu sous cet angle auparavant ? Qu'est-ce qui tient le bonheur éloigné de vous, et vous fait tourner en rond en essayant de comprendre ? Prenez le temps de le trouver. Peut-être avez-vous plus d'un koan, ou bien il y en a un que vous gardez depuis l'enfance ? Commencez par l'identifier en tant que koan, et cessez de chercher à le comprendre.

2. TRAVAILLER SUR LE KOAN

Comment travaillez-vous sur vos koan ? Notez les pensées, les actions et les espoirs qui apparaissent continuellement dans votre vie. Notez vos solutions habituelles aux questions qui vous troublent. Remarquez leur qualité répétitive. Maintenant, notez aussi les résultats que vous obtenez. Quel est l'effet des solutions que vous choisissez sur votre vie ?

À présent, soyez prêt(e) à cesser de travailler sur votre koan de cette façon. Soyez prêt(e) à abandonner vos anciens efforts. (Plus on étend d'efforts dans la mauvaise direction, plus le koan devient difficile.)

3. ACCUEILLIR VOTRE KOAN

Aujourd'hui, seriez-vous prêt(e) à accueillir votre koan (votre problème) comme s'il s'agissait d'un vieil ami ? Souhaitez-lui la bienvenue dans votre vie. Ne faites rien de plus pour l'instant. Passez tranquillement du temps avec lui, comme vous seriez avec un ami très cher. N'essayez pas de comprendre votre ami ni de le changer, contentez-vous de jouir de sa compagnie. Rappelez-vous de ne pas tenter de trouver une solution. Il n'y a rien à résoudre. Pour l'instant, vous passez juste un moment de qualité avec votre koan.

4. LAISSER PARLER VOTRE KOAN

Au lieu de lui dicter la manière dont il doit être travaillé, laissez votre koan vous parler. Écoutez-le à fond. Votre koan (ou problème) est là parce qu'il a de la sagesse à revendre. Il se peut qu'il vous demande quelque chose. Il peut vous indiquer une direction pour le restant de votre vie. Contentez-vous de vous asseoir et de l'écouter, sans idées préconçues. Écoutez de tout votre corps et de tout votre esprit. Laissez le joyau du koan, son but et son message, être parfaitement clairs.

5. DONNER UNE RÉPONSE

Une fois qu'ils ont compris leur koan (leur problème ou leur relation), certains d'entre nous veulent lui répondre. Il peut s'agir d'une action, d'une expression ou d'une décision nouvelle, cela change à chaque fois. Soyez ouvert à la façon dont vous voulez répondre à votre koan. Puis faites-le, dès que possible.

> Lorsque vous devenez vous,
> Le zen devient le zen.
> Lorsque vous devenez vous,
> Le monde entier tombe amoureux.
>
> ESHIN

chapitre 11

DOKUSAN : RENCONTRE AVEC LE MAÎTRE

(des moments de choix crucial)

> Si vous n'entrez pas dans la caverne du tigre,
> Comment aurez-vous son petit ?
>
> THE BLUE CLIFF RECORD

IL Y A DES MOMENTS CRUCIAUX dans la vie où une situation dramatique se présente d'elle-même et nous devons réagir instantanément. Un choix vital doit être fait. La manière dont nous répondons peut changer le cours de notre existence ou la vie de quelqu'un que nous aimons. On n'a pas le temps de penser, il faut agir. (Dans ces moments, ne pas agir peut aussi être une action.) L'ensemble de ce que nous sommes et de ce que nous croyons, estimons et désirons va se révéler dans ce que nous faisons.

Confrontés à un moment de vérité, nombreux sont ceux qui se retrouvent complètement sonnés. Certains laissent passer ce moment, d'autres essaient de l'arrêter, se mettent en colère ou disent quelque chose qu'ils passent le reste de leur vie à regretter. Mais il n'existe aucun moyen de changer ou de bloquer un instant qui s'est écoulé. Ce moment est une opportunité qui vient puis repart, et ne peut être saisie de nouveau. On peut y voir un test ou un appel du destin. Quel que soit le nom qu'on lui donne, ce moment suscite l'essence de ce que nous sommes, ce que nous avons développé et ce qui doit encore grandir.

Bien que de tels moments semblent proportionnellement rares, ils se produisent plus fréquemment que nous le percevons dans notre vie et nos relations. Certains ne se rendent même pas compte que ces opportunités se présentent. Ils dérivent dans la vie au milieu d'un tel brouillard qu'ils ne voient rien de ce qui est possible. D'autres sont paralysés devant l'action soudaine qui leur est demandée. L'essence de l'entraînement du zen consiste à faire de nous des individus éveillés et spontanés, de sorte que, quand ces moments se manifestent, nous soyons prêts : nous répondons naturellement avec notre être tout entier.

Lorsque nous perdons une relation importante, pour cause de problèmes, de maladie ou d'un soudain changement, il est naturel de se demander ce que nous aurions pu faire ou dire qui aurait changé le cours des choses. Beaucoup se font des reproches et ont une impression d'inachevé. Si seulement ils avaient fait une seule chose de plus, ou répondu autrement, l'issue aurait pu être différente. Tout en ressassant ces pensées, ils se mettent à craindre la fuite du temps. Ils aimeraient pouvoir revenir en arrière pour revivre la situation.

Habituellement, nous attendons de la vie qu'elle continue éternellement, et que les autres soient toujours là pour nous. Si les choses ne se sont pas bien passées cette fois, on peut toujours recommencer. Ce n'est pas dans l'esprit de l'entraînement du zen, où chaque seconde, chaque personne, chaque rencontre est précieuse.

Dans la pratique du zen, on apprend à vivre totalement dans l'instant, à être entièrement présent afin de pouvoir capturer cet instant et lui répondre au maximum. On répond de tout son être, en faisant exactement ce qui est nécessaire, même si on n'y avait pas réfléchi une seconde auparavant. Vivre avec cette forme de dynamisme rend le monde entier vivant.

LA LEÇON DU ZENDO : DOKUSAN

Le temps est une flèche.

PROVERBE ZEN

Il y a un autre élément de la pratique du zen qui nous prépare aux moments de choix crucial. Pendant l'entraînement du zen, l'étudiant se rend à une rencontre personnelle avec le maître, que l'on appelle *dokusan* (ou *daisan*). C'est un moment intense de l'entraînement et dans de nombreux zendos, les élèves doivent se précipiter s'ils veulent faire la queue à temps pour voir le maître.

Le temps est d'une extrême importance. Il est essentiel de ne pas laisser une seconde s'échapper. Si vous ne parvenez pas à rencontrer le maître cette fois, qui sait si vous le pourrez par la suite ?

Il y en a qui ne vont pas au dokusan pendant des années (de même qu'il y en a qui restent à l'écart de toute intimité dans leurs relations). D'autres ont besoin d'être aiguillonnés. Il y a ceux qui adorent se précipiter et saisir chaque occasion qui se présente. Certains n'ont pas de réponse à leur koan et n'ont pas grand-chose à montrer au maître, mais continuent d'apparaître. D'autres encore espèrent être reçus par le maître pour dire qu'ils vont bien. Il y en a qui cherchent à frustrer le maître par la confusion et la peine qu'ils manifestent constamment. Il y a aussi ceux qui désirent être proches du maître, ou espèrent qu'il leur donnera un conseil quelconque.

Inutile de dire que, quand nous rencontrons le maître dans le cadre du dokusan (un processus qui peut durer des années), nous apportons avec nous exactement ce que nous sommes dans l'instant. Nous croyons que nous apportons une réponse à notre koan ou montrons au maître notre pratique — ce qui est le cas, puisque ce que nous apportons est simplement nous-même. Rien de plus. Et rien n'est négligé. Pendant dokusan, il n'y a nulle part où se cacher.

Quand l'étudiant va prendre la file pour le dokusan, il se trouve assis en rang à faire zazen en attendant son tour de rencontrer le maître. L'étudiant qui est à la tête du rang sonne la cloche quand vient son tour pour annoncer son arrivée. Puis il se précipite dans la chambre du maître, qui l'attend.

Lorsque l'étudiant est entré, il s'incline puis s'assoit en face de lui, en posture de zazen. Cette rencontre ne dure souvent que quelques minutes et ne donne pas lieu à un échange mondain. Tout y est ouvert et exposé — qui vous êtes et ce que vous n'êtes pas. Parfois, le maître reste totalement silencieux. Il demande souvent à l'étudiant de proposer une réponse à son koan, pour montrer au maître le résultat de son travail. Le maître écoute et parfois répond, parfois non. Puis il sonne sa cloche quand le dokusan est terminé. Pendant les premières années de pratique, l'étudiant peut se demander s'il a réussi ou échoué.

CONNAÎTRE LES MOMENTS DE SOUDAINE DÉCISION

Amy, vingt-quatre ans, fréquentait Steve depuis le lycée. Elle l'aimait infiniment, tout en se demandant si ce n'était pas parce qu'il lui était si familier. C'était le seul petit ami qu'elle eût jamais eu, et elle craignait d'avoir fait une erreur en passant tant d'années avec lui, sans savoir s'il existait quelqu'un d'autre pour elle. Un soir, après dîner, il lui a fait la surprise de lui demander de l'épouser. Tourmentée par ses émotions conflictuelles, elle ne savait que répondre. Elle lui a dit qu'elle avait besoin d'y réfléchir. Blessé et déconcerté, Steve a rompu avec elle le matin suivant. Amy était choquée, anéantie. Il lui semblait que les meilleures années de sa vie étaient derrière elle. Pourrait-elle jamais rencontrer quelqu'un d'autre ? Avait-elle fait le mauvais choix ?

C'était une situation à laquelle Amy devait répondre aussitôt, avec tout son être. Mais celui-ci n'était pas disponible pour sa relation. Doutes, conflits et attentes lui avaient dérobé son énergie et elle avait perdu confiance en elle-même et en l'homme qu'elle aimait. Quand le moment est venu d'agir, elle s'en est montrée incapable. De nombreuses vies s'écoulent dans ce même état de paralysie.

Malgré sa souffrance, Amy ne parvenait pas à agir. Elle avait pourtant téléphoné à Steve afin qu'ils puissent discuter davantage, mais il lui avait répondu qu'il n'y avait rien de plus à dire. Ils étaient restés ensemble si longtemps que, si elle n'était pas capablc d'accepter sa demande sur-le-champ, cela lui disait tout ce qu'il avait besoin de savoir.

On pourrait estimer qu'Amy n'avait pas eu assez de temps pour rencontrer d'autres hommes, mieux se connaître en tant que femme ou être sûre du choix qu'elle s'apprêtait à faire. Elle pouvait aussi se poser des questions sur le mariage et l'engagement. Si Steve ne lui permettait pas de prendre le temps de la réflexion, cela ne plaidait pas en sa faveur. À l'évidence, il portait lui-même des émotions conflictuelles s'il était prêt à mettre fin à leur relation aussi brutalement.

Ses amis encourageaient Amy à faire le deuil de sa relation avec Steve, à fréquenter d'autres hommes et à chercher à se bâtir une nouvelle vie. Mais elle avait du mal à suivre ce conseil. Elle ne se remettait pas d'avoir perdu sa relation en un seul instant crucial. Jour après jour, elle se demandait quelles réponses elle aurait pu apporter pour qu'il ne lui claque pas la porte au nez.

Quand Amy est allée à son premier dokusan, elle s'est assise dans la file d'attente en tremblant, épuisée par les longues heures de session qui avaient précédé. Les autres s'étaient précipités pour prendre place dans la file. Elle s'est demandé comment ils faisaient pour se lever si vite et où ils couraient ainsi. Lorsqu'elle est arrivée à la file d'attente, elle s'est retrouvée bonne dernière. Après avoir fait sonner la cloche et s'être dépêché de voir le maître, chaque étudiant ne restait que quelques brefs instants dans la pièce du dokusan. Quelques-uns restaient plus longtemps et Amy s'est demandé pourquoi. À la fin de chaque entrevue, le maître sonnait sa cloche pour annoncer au suivant qu'il pouvait entrer.

Amy n'avait aucune idée de ce qu'elle dirait quand elle se retrouverait devant lui. Cela faisait plusieurs mois qu'elle étudiait le zen et elle n'avait pas reçu de koan. Elle se contentait de s'asseoir et de faire attention à sa respiration. Une pratique monotone et ordinaire, pensait-elle, se demandant en quoi cela pourrait la rendre intéressante pour le maître.

Lorsque Amy est arrivée à la tête de la file et s'est assise devant la cloche, il était tard ; c'était presque la fin de la session du matin et le moment était venu de déjeuner. Au moment où elle saisissait le bâton pour frapper la cloche, annonçant ainsi qu'elle entrait, l'étudiant responsable de la file lui a pris le bâton des mains et a sonné la cloche plusieurs fois pour annoncer la fin du dokusan.

« Le temps est passé », a-t-il murmuré à Amy.

Celle-ci est restée sous le choc.

« Essaie la prochaine fois. »

Amy est redescendue dans le zendo avec les autres, abattue. Elle ne pouvait pas croire qu'elle n'était pas entrée. Elle avait attendu de longs moments et rien ne s'était passé. Une fois assise dans le zendo, elle s'est mise à pleurer. Elle n'avait pas été présente au moment crucial, son intention n'était pas assez forte. Au lieu de se rendre compte que des instants précieux arrivaient, elle avait continué à se demander ce qu'elle éprouvait. Si elle n'était pas prête à se donner du mal, elle ne pouvait que rater l'occasion. En fait, c'est ainsi qu'Amy avait vécu toute sa vie. Il était temps pour elle d'ouvrir les yeux.

CONSIDÉRER QUE TOUT VA DE SOI

La plupart d'entre nous n'accordent d'importance à rien en dehors des relations. Nous faisons ce qui nous plaît aussi longtemps que possible et considérons que tout va de soi dans notre vie. On croit toujours que le moment du choix, la rencontre clé ou l'inévitable confrontation se produiront un jour, dans un lointain avenir. Peut-être même que l'on parviendra à les éviter. Notre relation peut devenir un endroit confortable où se cacher, sans être confronté à des exigences ultimes. Telle a été l'attitude d'Amy pendant le temps passé avec Steve. C'est aussi avec cette attitude qu'elle est arrivée au zendo et est entrée dans la file du dokusan, sans grande conviction.

Certains se ruent au dokusan, se faufilant devant les autres et ne laissant passer personne. Ce sont ceux qui exigent la perfection de tout le monde, y compris d'eux-mêmes. Mais quelle que soit la réponse qu'ils donneront, le maître la refusera. Une approche trop frénétique n'est pas non plus la bonne façon de vivre l'instant.

Ces étudiants se demandent ce qu'ils ont fait de travers. La plupart font encore plus d'efforts. Plus ils en font, plus le maître refuse. Une fois que ce processus s'est poursuivi pendant longtemps (parfois des années), ces étudiants se sentent complètement nuls et se retrouvent à court de réponses. Ils ne courent plus aussi vite. C'est un moment merveilleux car, pour entrer dans l'esprit du zen, on doit dépasser les notions de juste et de faux, d'échec et de réussite.

Nous passons une bonne partie de notre vie à nous demander si nous avons réussi ou échoué, notamment dans le domaine des relations. Lorsque nous ne donnons pas la « bonne » réponse, ou n'obtenons pas la réponse que nous attendons de quelqu'un d'autre, lorsque nous nous sentons rejetés, beaucoup d'entre nous se considèrent comme des ratés, et considèrent aussi leur relation comme un échec. C'est une des principales causes de souffrance dans les relations, et la raison pour laquelle certains refusent de se relever et de réessayer ; ou bien ils se faufilent devant les autres en réclamant qu'on les approuve.

Aucune de ces réactions n'est valable dans le dokusan. Lorsque nous faisons cette rencontre intense, immédiate, sans barrières avec un maître, nous sommes en train d'apprendre beaucoup de choses. Et surtout, nous apprenons les bases de toutes les relations, et ce qui est essentiel pour être vraiment avec quelqu'un d'autre et disponible pour l'amour.

Quand nous allons voir le maître, tout comme lorsque nous entamons une relation, il est fondamental de savoir comment nous nous présentons. Amenons-nous quelqu'un de réel à cette rencontre, ou présentons-nous un personnage de rêve, un rôle que nous jouons, l'ombre de ce que nous sommes réellement ? Sommes-nous entièrement focalisé sur le maître, attendant ses louanges ? Y allons-nous en espérant avoir la bonne réponse cette fois au lieu d'échouer encore ?

Avoir une vraie rencontre avec le maître, ou être capable de tomber amoureux, n'a jamais rien à voir avec un échec ou une réussite. Cette notion doit être complètement rejetée. Dans le vrai dokusan il n'y a rien de tel. Le succès et l'échec appartiennent au monde de l'économie de marché, des profits et des pertes. Au contraire, le maître zen va enseigner à ses élèves à « se présenter nus devant lui ».

PRÉSENTEZ-VOUS NUS DEVANT MOI

> Nous créons un masque pour rencontrer le masque des autres. Puis nous nous demandons pourquoi nous ne pouvons pas aimer, et pourquoi nous nous sentons si seul.
>
> ESHIN

Le maître zen apprend à ses élèves à supprimer les idées acquises, les conditionnements, les peurs et les jeux avec lesquels ils ont vécu toute leur vie. S'ils arrivent au dokusan en portant un masque, rien de réel ne peut se passer.

Un masque peut-il en aimer un autre ? Un masque sait-il communiquer ? Tout ce qu'il dit et fait est dans l'intention de se cacher. Mais la véritable communication se fait dans le but d'aimer. Chaque fois que nous allons au dokusan, la question implicite que nous devons nous poser est : de quelle partie de notre masque sommes-nous prêts à nous dessaisir ? Quelle quantité d'air frais sommes-nous décidés à laisser entrer dans notre vie ?

Durant toute notre vie, nous jouons à différents jeux. Nous aidons les autres à faire semblant et ils nous aident à faire de même. D'une certaine façon, cela nous permet de nous sentir en sécurité. D'une autre, cela nous vole notre vraie vie et nous évoluons dans un monde d'illusions où nous devenons des personnages en carton-pâte, fondamentalement irréels. Si quelqu'un frappe à notre porte pour nous rendre visite, il n'y a personne à l'intérieur.

« Présentez-vous nu devant moi » met l'accent sur une autre manière de communiquer. Ici, la véritable personne est entièrement exposée et a une chance de parler et d'entamer un dialogue. Ici, nous nous ouvrons à quelque chose d'*autre*. Cette situation est imprévisible et nous pouvons avoir l'impression que quelque chose de dangereux va se passer. Mais c'est à ces conditions qu'une vraie rencontre peut avoir lieu.

LES VRAIES RENCONTRES

Qu'est-ce qu'une vraie rencontre ? Que faisons-nous dans le dokusan avec le maître zen ? Nous sommes là pour faire l'expérience de l'unité, de la connexion avec notre être véritable. Nous sommes là afin d'être suffisamment courageux pour laisser notre cœur s'exprimer par lui-même.

Notre cœur a un langage à lui. La voix du cœur a toujours très envie de se faire entendre, bien que nous essayions généralement de l'étouffer. Parfois elle jaillit, tout simplement. Une vraie rencontre peut alors se produire.

Une vraie rencontre nous ramène chez nous, au centre. On ne se sent pas seul. Notre impression d'éloignement s'évanouit. Nous voyons que nous sommes vraiment un.

Ces rencontres peuvent arriver spontanément, pendant un bref instant, ou durer plus longtemps. Elles peuvent avoir lieu entre deux êtres, ou entre une personne et le ciel. On ne peut pas exiger une vraie rencontre. Mais on peut apprendre à l'inviter à se produire.

Le composant le plus important, ce sont deux personnes *réelles*. Cela signifie que chacune d'elles est prête à abandonner son besoin de contrôler l'autre ou de l'utiliser à des fins égoïstes. Elles oublient de rechercher les louanges dans le regard de l'autre, ou de vouloir se sentir importantes. Elles ne se servent pas de leur relation pour satisfaire un fantasme personnel. Simplement, elles sont prêtes à laisser se produire ce qui veut se produire. Elles ont oublié la peur et le désir de se protéger. Peut-être même voient-elles qu'il n'y a rien à protéger.

Ce genre de rencontre procure un sentiment d'extrême libération. Quand elle se produit, certains éclatent de rire ou se mettent à pleurer. Il y en a qui s'y préparent comme s'ils allaient rencontrer un grand roi.

La pièce du dokusan invite à une rencontre de ce type. Des mondes s'ouvrent, les uns après les autres. Et l'amour illimité dont nous sommes tous faits se libère de nos cœurs serrés.

les étapes de l'amour : des rencontres directes

1. L'URGENCE DU MOMENT

Quelle est la plus grande urgence pour vous ? Qu'est-ce qui importe le plus ? Qu'est-ce que vous ne remettriez pas à un autre jour ? Y a-t-il une relation dans laquelle vous n'hésiteriez pas à faire tout ce qui vous est demandé ? Qu'y a-t-il dans cette relation particulière qui vous fait éprouver cela ? Qu'en est-il des autres relations où il n'en est pas ainsi ? Qu'est-ce qui les différencie ?

2. ÉCHEC ET RÉUSSITE

Où avez-vous l'impression d'échouer dans vos relations ? Où réussissez-vous ? Où les autres échouent-ils d'après vous ? Dans quoi réussissent-ils ? Prenez-en note soigneusement. À présent, pour aujourd'hui, laissez tomber la notion de réussite et d'échec. Cessez de juger vos relations en fonction d'elle et considérez-les comme parfaites, quoi qu'il soit arrivé, même si tout ne s'est pas déroulé selon vos souhaits. Voyez ce qui se produit. Faites une liste des relations qui étaient importantes pour vous, en considérant chacun de leurs aspects comme parfait, y compris vous-même et votre partenaire. Comment voyez-vous maintenant le fait d'avancer dans vos relations et d'essayer quelque chose de nouveau ?

Quoi qu'il soit arrivé, notre façon de percevoir nos relations dépend entièrement de nous. Personne n'a le pouvoir de les abîmer. Personne ne peut les embellir. Quel choix faites-vous maintenant ?

3. ÔTER VOTRE MASQUE

Notez les masques et les costumes que vous portez dans vos relations. Notez les jeux auxquels vous continuez à jouer. Ne les jugez pas bons ni mauvais, contentez-vous de bien les voir. Maintenant, soyez conscient(e) du résultat de ces relations. Vous comblent-elles ? Vous fournissent-elles la nourriture que vous recherchez ? Un masque peut-il en aimer un autre ? Est-ce même envisageable ?

Ôtez un masque la prochaine fois que vous serez avec quelqu'un de spécial. Puis ôtez un costume. Voyez qui vous vous efforcez d'être, quels prétextes vous trouvez pour continuer. Lâchez prise, de la même manière que l'on ôte une vieille paire de chaussures tout usées. Accordez-vous le plaisir de n'être personne de spécial, et de n'avoir pas besoin que votre partenaire le soit.

4. DE RÉELLES RENCONTRES

Êtes-vous ouvert(e) à la possibilité d'avoir de réelles rencontres ? Cela vous est-il déjà arrivé ? Passez un moment de calme à préparer cet instant, l'inviter, dégager l'espace. (Selon les gens, on se prépare de différentes manières. Trouvez la meilleure pour vous.) Vous pouvez vous préparer en méditant, en vous promenant dans la nature, en allant à la plage, en peignant, en chantant ou en écrivant des poèmes. Vous pouvez vous préparer en débarrassant votre esprit de vos anciens modes de comportement, et en souhaitant que quelque chose de nouveau se produise, une plus grande expérience de vous-même et de l'univers. Vous pouvez encore vous préparer en renonçant à la peur et au chagrin, en disant adieu au sentiment de solitude, en oubliant de vous juger et de juger les autres. Ou, si vous en avez le courage, vous pouvez vous préparer en allant au zendo, y rester et pratiquer jusqu'à ce qu'un jour, vous soyez prêt(e) à courir au dokusan.

> Quand vous rencontrez un maître dans la rue,
> Ne parlez pas, ne soyez pas silencieux.
> Alors, comment allez-vous le saluer ?
>
> IN *On ne peut pas voler la lune*

chapitre 12

UNE SEULE RESPIRATION

(pas de séparation)

> Le bonheur humain vient de la parfaite harmonie
> avec les autres.
>
> CHUANG-TZU

BIEN QUE NOUS PRÉTENDIONS TOUS VOULOIR TROUVER L'AMOUR, la plupart d'entre nous passent le plus clair de leur temps à créer une séparation entre eux et les autres. Une fois qu'ils vivent une relation, il leur est facile de trouver ce qui ne va pas chez l'autre, de se focaliser sur des besoins qui ne sont pas satisfaits ou d'estimer qu'on leur en demande trop. En général, on a l'impression d'être plus en sécurité en délimitant son territoire, et en érigeant des frontières solides car les besoins et les intérêts des autres sont radicalement différents des nôtres. Il y en a qui aiment avoir des opposants ou des ennemis, et ils se sentent désemparés s'ils n'en ont pas. Ils se reconnaissent dans leur opposition avec les autres et trouvent excitant de tester leur force, d'entrer en compétition, d'arriver au sommet et d'affirmer leur supériorité et leur domination. En fait, cela peut devenir l'élément principal de leur identité.

Le plus souvent, notre éducation encourage cette attitude. On nous apprend à nous comparer aux autres, à tirer le meilleur d'une négociation, à gagner dans une compétition et par-dessus tout, à ne pas nous rendre ridicule et devenir quelqu'un dont les autres vont se moquer.

Une bonne partie de ce que l'on appelle la formation relationnelle enseigne comment « réussir » à manipuler les autres pour qu'ils fassent ce que nous voulons, ou à influencer et contrôler ce qui se passe. On trouve quelqu'un avec qui s'installer comme on cherche à faire une bonne affaire en achetant une voiture. La personne devient un produit de consommation. Sa valeur est déterminée par ce qu'elle est capable d'offrir, sa cote sur le marché et la durée estimée de cette cote. Les hommes qui divorcent vers la cinquantaine, alors que les enfants sont grands et que la femme commence à vieillir et à s'user, cherchent quelqu'un capable d'augmenter leur valeur sur le marché à leurs propres yeux.

Quand on voit les gens comme une marchandise, il est impossible de mener une vie d'amour. En fait, tomber amoureux est alors considéré comme l'entreprise la plus vaine, la plus insensée et la plus risquée qui soit. On devient vulnérable, enfantin, innocent, heureux et on ne se préoccupe pas de manipuler notre entourage. Ce n'est pas nécessaire, puisqu'on a tout ce qu'on veut. Une vie d'amour est une vie de confiance, d'altruisme et de bonheur.

Toutefois, certaines peurs nous empêchent d'abandonner nos vieilles habitudes. Il y en a qui craignent qu'une fois qu'ils auront renoncé à leur méfiance ou arrêteront de voir l'autre comme un adversaire, ils ne soient totalement engloutis. Ils ne pourront plus conserver une identité séparée et céderont constamment aux souhaits de l'autre. Dans ce cas, l'amour devient l'ultime dépendance et leur enlève leur pouvoir. Ces personnes considèrent l'amour comme un sentiment débilitant, qui vous fait perdre l'autonomie et la force.

La crainte de perdre son identité séparée repose sur une mauvaise compréhension de la véritable unité et de ce que signifie être altruiste et aimer.

LA LEÇON DU ZENDO : UNE SEULE RESPIRATION

L'abandon du contrôle est le moyen d'inviter l'amour, non seulement dans notre relation, mais dans chaque moment de notre vie. Lorsque nous renonçons aux divisions, retournons à notre source et nous y reposons, nous ne pouvons qu'éprouver une sensation d'infini, accessible à tous. L'amour qui émane de notre source est disponible pour tous ceux qui l'appellent. Les autres ne peuvent nous le prendre car il est notre nature fondamentale, ce que nous sommes vraiment. En retournant à « la respiration unique » au zendo, on prend conscience que l'on n'est pas nourri ou approvisionné par les autres. On est rempli par le retour à notre source.

Au zendo, chaque personne est assise à côté d'une autre et se concentre sur sa propre respiration. Mais à qui appartient cette respiration ? Lorsqu'une personne expire, son voisin inspire. Cette respiration est donnée et reçue librement. Si, pendant un seul instant, nous ne pouvions plus inspirer ni expirer, ce serait la fin de notre vie. L'acte de respirer est le substrat de notre vie. Tomber amoureux n'est en rien différent. Nous inspirons et expirons à chaque respiration que nous prenons. Pour respirer, on doit croire que la respiration suivante sera là. Pour aimer, on doit avoir l'assurance que l'amour est disponible en abondance et ne peut jamais être enlevé.

Lorsque les étudiants sont assis ensemble et respirent, au bout d'un moment une question s'élève naturellement : qui respire ? Qui est respiré ?

La « respiration unique » nous appartient à tous. À mesure que nous devenons cette seule respiration de plus en plus pleinement, nous ressentons l'indicible lien établi entre nous. Je respire ta respiration, tu respires la mienne.

Puis, lorsque nous sortons de notre expérience d'unité sur le coussin et nous mettons à marcher en kinhin, ou à nous engager dans d'autres activités, nous recevons en cadeau le fait de devenir notre être unique. Nous ne pouvons pas marcher avec les pieds de notre voisin. Nous ne pouvons pas faire le travail qui lui est assigné. En plus du profond lien d'unité entre nous, nous pouvons aussi grandement apprécier l'aspect unique de chaque être, des nombreuses espèces de fleurs différentes qui s'épanouissent au jardin. Le fait d'être ensemble et la séparation font tous deux partie de l'expérience de l'unité. Les deux sont nécessaires.

Quand on vit relié à la seule respiration, quand on devient capable de manifester d'une manière vivante l'être unique que nous avions l'intention de devenir, nous pouvons aussi apprécier le caractère unique des autres êtres. Ils n'ont pas besoin de nous ressembler pour que nous puissions les apprécier. Nous n'avons pas à leur ressembler.

En se focalisant sur une seule personne considérée comme l'unique source d'amour et de sécurité, on refuse la véritable source d'amour et d'unité. C'est une erreur fondamentale. Compter sur l'autre, dépendre de lui est une expression d'attachement et non d'amour ; une manifestation d'insécurité et de souffrance, marquant l'incompréhension de la véritable nature de notre vie.

VOULOIR DE L'ESPACE POUR RESPIRER

Anna, quarante ans, était mariée à Bill depuis cinq ans. Au fil des années, elle se sentait plus proche de lui. Avec le temps, le nombre de ses amies célibataires a diminué, de même que celui des amis de son mari. En dehors du travail, ils étaient pratiquement tout le temps ensemble. Rapidement, ils ont eu du mal à se rendre disponibles pour leurs parents et leurs frères et sœurs. Anna a commencé à craindre qu'ils ne deviennent qu'une seule personne. Elle s'est demandé jusqu'où cette situation pouvait aller et s'il y avait un problème. Perdait-elle son intégrité et son individualité dans ce processus ? Avaient-ils eu tort de renoncer à leurs amis ? Bill commençait à considérer les autres comme des importuns qui étaient jaloux de l'intimité qu'Anna et lui partageaient. Il avait l'impression qu'ils cherchaient à rivaliser avec sa relation en lui faisant sentir qu'il était mené par le bout du nez et que quelque chose n'allait pas chez lui.

« Quel genre de type fait de sa femme sa meilleure amie ? » lui demandaient-ils. « Viens plutôt boire avec nous, entre hommes. »

Bill rejetait ces invitations et attendait d'Anna qu'elle en fasse autant avec sa famille et ses amies. Celle-ci s'exécutait sans enthousiasme. À ce stade, il n'y avait pratiquement plus d'espace entre eux et, tout en pensant qu'elle aurait dû s'en réjouir, en réalité elle commençait à s'en attrister.

Anna était entraînée dans une relation symbiotique avec son mari, qui rétrécissait leurs deux mondes au lieu de les agrandir et de les enrichir. Ils s'étaient créé un cocon dans lequel les autres n'étaient pas les bienvenus. Ils avaient rejeté le monde parce qu'ils étaient possessifs et inquiets, ce qui est l'opposé de l'amour.

Quand Anna est allée voir un thérapeute pour arranger cette situation, le thérapeute lui a dit qu'elle avait peur de l'amour, peur de l'intimité que son mari lui offrait. Elle souffrait de claustrophobie émotionnelle, de problèmes d'intimité au premier degré. Mais ces explications ne lui convenaient pas, même si elles satisfaisaient son mari. Anna continuait de penser qu'il y avait un autre moyen de faire l'expérience de l'intimité et d'exprimer l'amour sans que le monde rétrécisse, et qu'il y avait de la place pour chacun d'eux afin qu'ils puissent mener des vies indépendantes.

VIVRE SA PROPRE VÉRITÉ

Vouloir de l'espace pour grandir n'est pas de la claustrophobie émotionnelle. Une personne émotionnellement claustrophobe se met à avoir l'impression qu'elle suffoque quand quelqu'un s'approche trop près et commence à exprimer des émotions intenses ou un fort désir d'elle. Il lui semble qu'elle va se retrouver éternellement piégée avec cette personne, amalgamée, redevable et incapable de changer ni de bouger. Ce qu'elle est et ce qu'elle veut pour elle-même sera submergé pour toujours.

La peur de l'intimité, ou claustrophobie émotionnelle, naît d'une profonde incompréhension de ce que signifie « faire un avec l'autre ». Elle est entretenue par l'idée que, à moins que l'autre personne ne soit quelqu'un avec qui on peut se disputer, garder ses distances ou que l'on puisse dominer, on ne tardera pas à se faire avaler ; que les autres sont forcément contre nous d'une façon ou d'une autre. Nous trouvons ainsi des raisons pour nous enfuir. Anna ne souffrait pas de cet état. Elle avait simplement besoin d'espace pour être elle-même.

Quand elle est venue pour la première fois au zendo, Anna a été frappée par le fait que, même si les autres étaient toujours là, elle pouvait être seule en même temps. Elle jouissait d'une grande intimité. Nul ne faisait intrusion dans ses pensées ou sa concentration. Ce qui se passait en elle ne regardait qu'elle. Chacun consacrait toute son attention à ce qu'il faisait personnellement. Et pourtant, elle avait un grand sentiment d'unité, d'amour et de respect entre toutes les personnes présentes. D'où cela venait-il ? s'est-elle demandé.

À mesure qu'Anna passait plus de temps à l'écart de Bill et devenait plus indépendante, celui-ci s'est senti abandonné ; il avait l'impression de la perdre. Il ne pouvait pas faire l'expérience de l'unité s'ils n'étaient pas tous les deux ensemble physiquement. Pour lui, toute séparation ressemblait à la fin de l'amour. Anna était en mesure de réaliser que cela n'était pas de l'amour, mais de la dépendance, et que la véritable unité et l'amour persistaient au-delà des conditions extérieures. Moins Bill appréciait le temps qu'elle passait loin de lui, moins elle avait envie de retourner près de lui.

Bill est devenu angoissé par la pensée de perdre Anna. Ses velléités de contrôle et de possessivité visaient essentiellement à empêcher ce dénouement. Cependant, nous attirons souvent directement dans notre vie ce à quoi nous résistons. Bill devait être capable de faire face aux séparations pour pouvoir vivre un amour sain et bénéfique.

L'ART SUBTIL DE LA SÉPARATION

Dans l'absolu, il n'existe pas de séparation. Toutefois, on se rencontre, on se touche, puis on doit partir. Nous souffrons alors beaucoup, ayant l'impression d'être quitté et de se retrouver tout seul au bout du compte.

Puis on craint d'être trop proche, allant parfois jusqu'à penser : « Comment puis-je supporter de t'aimer en sachant que tu peux t'en aller ? » L'intimité peut alors apparaître comme le plus grand des dangers.

Nous érigeons toutes sortes de murs de protection. Mais en vivant derrière ces murs, on est de plus en plus isolé et triste. La séparation, quand elle intervient, nous frappe encore plus fort. Nous avons laissé passer l'occasion d'intimité que nous avions.

Mais tant que nous ne sommes pas capable de nous séparer tout à fait d'une personne, nous n'osons pas l'aimer entièrement. La plupart du temps, on reste coincé au milieu en s'accrochant désespérément à la personne et en retenant de nombreuses choses que nous ressentons et avons envie de dire.

Quand on apprend à être avec l'autre personne sans réserve, la séparation se fait plus simplement, plus naturellement. On apprend à devenir entier. Quand on n'a pas vécu totalement avec elle ou qu'on la perçoit comme la source de son bien-être, sa perte peut apparaître comme la fin de soi-même. On craint, après son départ, de se retrouver complètement seul.

DEVENIR QUI VOUS ÊTES

> Les arbres, l'herbe et le ciel vivent tous ensemble. Les montagnes et les nuages vivent ensemble. La montagne ne fait pas obstacle au nuage. Le nuage ne fait pas obstacle à la montagne. La montagne ne devient pas le nuage. Le nuage ne devient pas la montagne. Pourtant tous vivent ensemble en parfaite harmonie.
>
> ENSEIGNEMENT ZEN

Quand nous savons qui nous sommes et connaissons notre être véritable, la séparation n'est pas si difficile. Bien qu'il existe une sensation de perte, nous pouvons continuer à avancer avec nous-même. La séparation d'avec quelqu'un d'autre ne signifie pas la fin de notre vie.

Il y a une différence entre l'expérience d'unité avec toute la vie et la fusion avec une autre personne qui exclut le reste du monde. La véritable unité est inclusive et rend plus vivante l'individualité de chaque personne, elle n'implique pas la perte de soi-même, mais la faculté d'exprimer et de vivre ce que l'on est réellement. Elle ne préconise pas que l'on doive se cacher des autres en s'immergeant dans une situation fusionnelle. Cette sorte d'expérience ne peut être que douloureuse et extrêmement restrictive.

Une étape cruciale dans le processus de croissance consiste à développer sa propre identité, à devenir qui on est. Cela se produit quand on est capable de quitter ses parents, non seulement physiquement, mais aussi psychologiquement (et parfois spirituellement). Nous manifestons et honorons notre être unique, les qualités en nous qui peuvent être différentes de celles des êtres que nous aimons et ne sont pas forcément appréciées. Pour certains, devenir indépendant signifie se rebeller et rejeter ses parents. Bien que cela fasse couramment partie du processus de découverte de soi, la rupture n'a pas besoin de durer indéfiniment, juste assez longtemps pour que l'on ait la liberté de trouver qui l'on est, en ne vivant pas sa vie selon les rêves de quelqu'un d'autre.

Parce que le besoin d'indépendance et d'espace personnel est si étroitement lié à celui d'être amoureux et à la faculté de supporter l'intimité d'une relation, il doit être exploré en profondeur. On peut même dire qu'il n'est pas possible de vraiment savoir ce que signifie être amoureux tant que l'on n'est pas chez soi avec soi-même. Jusque-là, nos propres dons et notre force risquent de ne pas nous être accessibles.

Il faut du courage pour devenir qui nous sommes. Pour y parvenir, nous devons désirer ardemment mener une vie dans laquelle nous sommes fondamentalement fidèle à nous-même. Nous risquons de perdre les autres ou leur approbation. Mais quand on vit avec son être véritable, une nouvelle force vient à nous. Cette force ne se relâche pas quand nous aimons quelqu'un, mais gagne en intensité.

Aimer une autre personne, ne faire qu'un avec elle ne signifie pas que nous devions renoncer à ce que nous sommes. Cela, c'est ce que demandent ceux qui ne peuvent tolérer les différences et perçoivent les personnes différentes comme des inférieurs ou des ennemis.

SE PERDRE POUR TROUVER L'AMOUR

Evelyn désirait tellement l'amour d'Andrew qu'elle affirmait qu'elle ferait tout pour l'obtenir. Elle a changé de coiffure, perdu dix kilos et porté des vêtements qui l'excitaient. Puis elle est passée à une autre étape en adoptant ses passe-temps ; elle s'est mise à aller à l'église et à trouver des défauts à sa propre éducation et à ses croyances. Elle a vu moins souvent sa famille et a passé plus de temps avec lui.

Au début, cela plaisait à Andrew, mais peu à peu, il s'est senti mal à l'aise. « La femme que j'aimais n'est plus là », disait-il. « J'ai l'impression de me retrouver avec une copie carbone de moi-même. »

Il n'a pas tardé à trouver leur relation inintéressante et la suite devenait prévisible ; il n'avait plus l'impression d'être avec une autre personne.

« Le comportement d'Evelyn me gênait, je me sentais toujours seul. »

Quand Andrew a rompu, Evelyn a été bouleversée. Elle ne comprenait pas ce qu'elle avait fait de travers et ne savait plus vers quoi se tourner. Pour clore le tout, elle ignorait qui elle était.

« Je croyais que c'était ça, l'amour, a-t-elle expliqué. Je croyais que c'était cela être proches et ne plus faire qu'un avec l'autre. »

En s'asseyant dans le zendo, Evelyn a retrouvé son propre être et sa force. Quand il s'en est aperçu, Andrew a voulu qu'elle revienne. Mais Evelyn n'avait plus besoin de revenir. Elle se sentait entière et remplie par sa pratique du zazen.

Nous devons regarder l'essence réelle de ce qui nous lie, de l'unité. Ce n'est pas perdre le sens de soi ; ça, c'est la maladie. Céder au moindre désir ou caprice de l'autre n'est pas non plus l'unité. On ne peut en être plus éloigné qu'en abandonnant la responsabilité d'être ce qu'on est. Alors, qu'est-ce que c'est ? Quel est le secret d'« une seule respiration », sans séparation, en vivant dans l'harmonie universelle ?

APPROCHER LE MYSTÈRE

Le koan le plus profond de la pratique du zen et de notre vie est celui-ci : d'où vient le sens de l'amour, du respect et de l'unité ? Qu'est-ce qui le fait venir en nous ? Qu'est-ce qui le fait repartir ? Si l'on peut répondre à cette invraisemblable question, on ne se sentira plus jamais seul.

Bien entendu, la plupart des gens croient que l'amour et le respect sont le résultat de leurs efforts, qu'il dépend d'eux de les susciter. La vérité est plus profonde : tout ce que nous pouvons réellement faire, c'est préparer le terrain pour que l'amour s'élève. On peut arracher les mauvaises herbes du jardin, fertiliser le sol, planter des graines et fournir des conditions adéquates — soleil, eau, ombre — avant de laisser l'amour croître de lui-même. Il arrive un moment où il faut arrêter de rôder autour du jardin. On ne peut pas constamment soulever les jeunes plants pour constater ce qui se passe. En retournant voir le propriétaire du jardin, on permet à une plus grande harmonie de prendre soin de l'ensemble. Le zen nous ramène au propriétaire de notre jardin, encore et encore. Il honore et respecte l'unité fondamentale de la vie qui procure de la nourriture à tous. Personne n'est oublié.

les étapes de l'amour : devenir un

1. TENIR L'AMOUR ÉLOIGNÉ

Comment empêchez-vous l'amour de venir à vous ? De quelles manières causez-vous une séparation entre vous-même et l'autre personne, tout en voulant être proche ? Examinez soigneusement ces questions. Faites une liste en vous montrant honnête. Cela ne fait pas de mal de voir les choses en face.

2. L'UNITÉ

À quel moment connaissez-vous la plus grande sensation d'unité ? Avec une personne, tout seul, à la plage, en travaillant, en chantant, en peignant, en coupant du bois, en jouant aux cartes, en écoutant de la musique ? Il n'y a pas de règle concernant l'endroit ou la façon dont elle se manifeste. C'est différent pour chacun. Localisez-la simplement pour vous. (Peut-être n'en avez-vous pas encore pris conscience. Dans ce cas, cherchez-la.)

Une fois que vous aurez trouvé où vous éprouvez cette sensation d'unité, passez-y un moment chaque jour. Où que ce soit, c'est votre zendo à vous, l'endroit d'une seule respiration. Ne négligez pas cet instant précieux. Peu à peu, augmentez le temps que vous y passez. Avant même de vous en apercevoir, cette expérience vous accompagnera presque toute la journée.

3. L'UNITÉ AVEC LES AUTRES

Certains d'entre nous ne se permettent pas de ressentir l'unité avec les autres. Ils craignent que ce soit trop effrayant. D'autres le font. Aujourd'hui, choisissez une personne avec laquelle vous vous sentez suffisamment en sécurité pour vous permettre de vivre cette précieuse expérience. Prenez conscience que vous êtes avec cette personne et devenez aussi calme que possible en sa présence. C'est tout ce qu'il y a à faire. Pas moins, pas plus. Soyez simplement avec elle, ouvrez-vous à elle, et n'attendez rien de plus d'aucun de vous. Si elle vous parle, écoutez-la attentivement. Si elle est calme, soyez dans ce calme. Contentez-vous de l'accompagner pleinement. Procédez ainsi aussi longtemps que vous le pouvez.

La pratique, c'est cela : ouvrir la porte et se rendre aussi disponible que possible. Pendant cette expérience, observez tout ce qui se passe : pensées, émotions, fantasmes... Contentez-vous d'en prendre note, c'est tout.

Répétez cet exercice autant que possible. Choisissez d'autres personnes avec qui le pratiquer. Plus vous le ferez, plus vous serez doux et présent aux autres. (Parallèlement à cela, n'oubliez pas de continuer à passer du temps à l'endroit où cette expérience vous est le plus favorable.)

4. L'UNITÉ AVEC LE MONDE ENTIER

Trouvez des endroits dans votre vie et dans le monde où vous voyez la division et la séparation et qui vous font avoir naturellement un mouvement de recul. Cessez de reculer. Rendez-vous compte que c'est juste une autre manifestation de la respiration unique. Restez là quelque temps, soit physiquement, soit par l'esprit. Prenez conscience que, quel que soit l'endroit où vous faites l'expérience de la séparation ou de l'aversion, il fait partie de l'univers. Trouvez des aspects que vous pourriez apprécier ou approuver, et des aspects qui vous ressemblent. En inspirant, goûtez votre force vitale, puis libérez votre aversion.

5. SERVIR AVEC UN ESPRIT OUVERT

Servir vraiment les autres, c'est accueillir l'unité et l'amour entre toutes les formes de vie. Chaque jour, trouvez au moins une manière de donner de vous-même à quelqu'un que vous aimez, et aussi à quelqu'un que vous n'aimez pas. Donnez pleinement, en oubliant les récompenses. Le don en lui-même est la récompense. Il prépare votre vie à l'amour. Oubliez-vous en donnant. Contentez-vous de donner, puis de donner un peu plus.

Vous serez surpris(e) de tous les cadeaux que vous recevrez en retour, de toutes sortes d'endroits inattendus. Ouvrez votre cœur et recevez-les avec gratitude. C'est ce qui ferme le cercle.

> La fleur de ma vie s'épanouit
> Quand je travaille à faire la fleur qu'est le monde.
>
> UCHIYAMA ROSHI

chapitre 13

TROUVER LE BŒUF

(rencontrer l'être aimé)

Un seul mot nous libère de tout le poids
Et la douleur de la vie. Ce mot est amour.
SOPHOCLE

DÈS LA NAISSANCE, on commence à chercher l'être aimé. Au début, nous le trouvons dans les bras de notre mère. En grandissant, on se tourne vers nos père, frères, sœurs, petit(e)s ami(e)s, amants, professeurs, gourous ou vers Dieu. Le moment où l'on trouve est vraiment fantastique. Mais souvent, l'être aimé semble se volatiliser, et dans ce cas notre recherche reprend instantanément. Une fois que l'on s'est retrouvé au jardin d'Éden, même pour un court instant, on ne peut oublier sa fragrance et on meurt d'envie d'y retourner.

Certains disent que trouver et perdre constitue le rythme de la vie, comme le jour et la nuit, l'hiver et l'été, la joie et la peine, l'espoir et le désespoir. Ce rythme ne peut être changé. Tous, nous trouvons et perdons l'être aimé plusieurs fois dans notre vie. C'est le tao de la vie, la force qui prend et reprend toute chose.

Dans le zen, le désir de l'être aimé s'appelle « chercher le bœuf ». Au début, en arrivant au zendo, nous donnons à notre quête différents noms, mais personne ne sait vraiment ce qu'il vient chercher. La quête du bœuf se présente elle-même à différents individus de différentes façons.

CHERCHER LE BŒUF

Dans les pâturages de ce monde, j'écarte sans cesse les hautes
herbes à la recherche du bœuf.
Suivant des rivières sans nom, me perdant sur les chemins
inextricables de lointaines montagnes,
Mes forces diminuent et ma vitalité s'épuise,
Je ne puis trouver le bœuf.
Je n'entends que le criquet qui chante la nuit dans la forêt.

IN *On ne peut pas voler la lune*

Il existe en nous tous le sentiment universel d'avoir perdu quelque chose de précieux dans la vie, et nous voudrions essayer de retourner à l'endroit où nous espérons que cela existe. Nous appelons souvent l'objet de notre recherche l'être aimé, l'âme sœur ou la personne idéale. Ce désir de retourner au lieu d'origine a été décrit dans maintes traditions. Une fois que l'on a trouvé l'être aimé, on se croit dans un lieu de perfection, le nirvana, le jardin d'Éden.

Mais quand les vices de forme apparaissent, comme c'est le cas dans toutes les relations, l'être aimé n'est plus perçu comme parfaitement beau, et beaucoup se sentent rejetés du paradis et ont l'impression de retomber dans un monde désertique.

Du point de vue du zen, la perte de l'être aimé est due à notre esprit du singe qui nous parle sans cesse, détruisant la beauté que nous avons trouvée. À la moindre provocation, nous condamnons la personne et nous étonnons ensuite de ne pas pouvoir mener une vie d'amour.

La Bible dit que Dieu a fait le tour de sa création et a déclaré que tout était bon. Dieu n'a vu que le bon, c'est pourquoi tout était bon, abondant et joyeux pour lui. C'est l'esprit qui ne rejette pas, qui ne déforme ni ne condamne. C'est l'esprit de l'unité. Cette partie de nous-même ne peut qu'aimer tout ce qu'elle voit. C'est le moyen de mener une vie d'amour.

Inconsciemment, nous nous rendons tous compte que nous sommes vulnérables aux humeurs et aux influences qui dispersent et déforment nos vies, nous rendant amers et nous amenant à nous conduire autrement que nous l'aurions souhaité. Parfois, le soupçon naît dans une relation qui auparavant se déroulait bien et empoisonne la situation ; dans d'autres cas, une personne peut se montrer déraisonnablement possessive ou jalouse de son (sa) partenaire, ce qui altère la qualité du temps passé ensemble. Certaines personnes décident de s'accrocher au ressentiment et refusent de pardonner. Quelle que soit la façon dont l'émotion négative se manifeste, on est entraîné dans la souffrance et la destruction, à la fois des autres et de soi-même. Le serpent a murmuré à notre oreille. Notre vie devient un mélange de bon et de mauvais. Dans ce genre d'environnement, l'amour ne peut durer.

D'aucuns diront que c'est là le fondement de la nature humaine, que mener une vie d'amour est non seulement impossible, mais téméraire et dangereux. Le zen n'est pas d'accord. Vivre une vie d'amour, voir la beauté partout où elle apparaît (dans la force et la faiblesse, la richesse et la pauvreté, la férocité et la bonté) est la seule façon sûre et saine de vivre. Qui plus est, la manière dont on perçoit l'autre va affecter également sa vie. Si nous insistons sur la laideur d'une personne, elle va vraiment devenir laide sous nos yeux. Si nous recherchons la bonté avec insistance, elle s'épanouit inévitablement.

CHERCHER LA BONNE PERSONNE

Le parfait rubis que nous avons perdu,
Certains disent qu'il est à l'est,
D'autres à l'ouest.

KABIR

Parce que nous ne savons pas encore voir la beauté en chacun, nous recherchons l'être parfait, le compagnon ou la compagne idéale, persuadés qu'il n'y a que quelques individus sur cette terre que nous pouvons réellement aimer. Bien entendu, nous agissons ainsi parce que notre faculté d'aimer est limitée.

Il arrive que certains, après avoir trouvé la personne qu'ils croient parfaite pour eux, s'enfuient rapidement, douloureusement conscients de leurs propres insuffisances supposées. Au fond de nous, nous pouvons aussi croire que cette relation ne peut durer parce que nous ne la méritons pas vraiment. L'attente d'un éventuel rejet peut être si pénible qu'il y en a qui font tout pour qu'il se produise. Ils montrent leur pire côté, provoquent des disputes, testent continuellement l'autre. Tout pour faire passer la douleur du rejet ! Beaucoup détruisent leur relation avant que la rupture ne se fasse peu à peu et les détruise.

L'amour est-il un jeu de destruction : détruire ou être détruit ? Inutile de dire que cette forme d'amour est vouée à traîner la peur dans son sillage. Plus nous avons conscience de bouleverser inutilement notre relation, plus il est facile de nous arrêter. Nous n'avons pas besoin de mettre notre vie sur pilotage automatique et d'écouter nos serpents cachés.

Barbara est venue au zendo parce qu'il lui semblait que l'homme idéal lui échappait toujours. Chaque homme qu'elle rencontrait était presque parfait, mais pas tout à fait. Il y avait toujours quelque chose qui manquait ; souvent elle ne parvenait pas à mettre le doigt dessus, mais c'était quelque chose d'important et elle le sentait.

En fin de compte, les défauts que Barbara voyait chez les autres n'étaient que la projection de ce qu'elle pensait d'elle-même. Elle se sentait indigne, il y avait quelque chose qui n'allait pas. En recherchant quelqu'un d'autre, elle cherchait en fait à devenir entière, complète. Naturellement, aucune personne extérieure ne pouvait remplir cet office parce qu'elle était déjà parfaite et accomplie. Il n'y avait rien à ajouter, rien à retrancher. Dès qu'elle en prendrait conscience, chaque personne que Barbara rencontrait serait elle-même parfaite.

Nous ne tenons pas compte du lieu où nous nous tenons. Nous ne voyons pas tout ce qui est disponible juste là où nous sommes. L'illusion s'est emparée de nous et nous croyons que quelqu'un de mieux vit quelque part ailleurs, plus loin, qu'il apparaîtra demain ou quelque part dans le temps, qu'il n'est pas possible que la bonne personne soit à portée de main. Nous ne comprenons pas que chaque personne pourrait être la bonne personne, si nous la voyions avec les bons yeux.

EXIGER LA PERFECTION

Quand elle a commencé sa pratique du zen, Barbara a souffert en s'asseyant sur son coussin avec difficulté. Elle a d'abord eu mal aux jambes, puis au dos, puis son nez l'a démangée et ses épaules se sont contractées. Comme elle exigeait d'elle-même la perfection, elle ne voulait pas renoncer avant d'être capable de rester assise sans bruit. Mais elle ne parvenait pas à trouver la bonne position. Pour arranger les choses, après zazen, quand tout le monde se retrouvait à l'étage pour le thé, elle ne savait pas quoi dire aux autres étudiants ou à l'incroyable maître zen. Enveloppé dans ses robes, le regard impénétrable, il lui semblait se tenir à une distance infranchissable. C'était l'être parfait, a-t-elle pensé, quelqu'un qu'elle ne pouvait même pas se permettre de saluer. Bien entendu, elle n'a jamais osé le voir au dokusan. La distance entre eux lui semblait trop grande.

Finalement, au bout d'une année de frustration, juste au moment où elle était sur le point d'abandonner le zendo, le maître du zen lui a fait un signe de tête à l'heure du thé.

« Comment allez-vous ? lui a-t-il demandé.

— Très mal, a-t-elle laissé échapper. Tout me fait mal. Rien ne s'assemble. Je ne vais nulle part. Rien n'est parfait.

— En soi, c'est la perfection », a-t-il répondu tranquillement.

Barbara s'est retrouvée en sueur. Le maître zen a hoché la tête.

« Merci », a-t-elle dit.

Dans une relation, lorsque tout est gênant, ne « colle » pas, cause de l'irritation, cela, en soi-même, est la perfection. Ne le repoussez pas. Ne vous haïssez pas, ne haïssez pas l'autre. Lorsque nous pourrons considérer ce qui vient à nous comme la perfection, sous peu quelqu'un qui nous convient se présentera sur le palier.

Ce que nous ne pouvons aimer ou accepter chez l'autre est le reflet de quelque chose que nous n'aimons pas ou n'acceptons pas en nous-même. Nous avons attiré cette personne uniquement pour nous voir un peu mieux. Ce que vous rejetez chez l'autre, vous devez l'éviter et le rejeter en vous-même.

CHERCHEZ-MOI VRAIMENT

Quand vous me chercherez vraiment,
Vous me trouverez instantanément.

KABIR

Quand on cherche réellement l'amour, on ne se met pas à aller et venir entre telle personne et telle autre. On regarde en profondeur la nature de l'amour lui-même. On regarde notre faim et notre désir désespéré d'être rassasié. On regarde notre sensation de ne jamais pouvoir être complet, notre idée qu'il y a quelqu'un quelque part dehors qui peut faire de nous un être entier.

De quoi rêvons-nous ? Ce que nous sommes n'a jamais été perdu. L'amour qui est en nous est plus fort que toute la confusion à laquelle il doit faire face. Nous imaginons seulement que nous sommes privé de quelque chose. Si nous sommes prêt à ouvrir notre cœur à l'amour qui est en nous et à le laisser sortir, cela peut guérir notre vie et celle des autres. La question, c'est : pourquoi ne le faisons-nous pas ?

> Enyadatta, une étudiante du zen, était en train de devenir folle. Elle s'était persuadée que sa tête lui manquait et s'est mise à la chercher frénétiquement partout. Jour après jour, sa recherche s'intensifiait et plus elle cherchait, moins elle trouvait. Un jour, un ami l'a emmenée voir un maître du zen, qui lui a simplement donné pour instruction de s'asseoir à un seul endroit, de rester calme et de prêter attention à sa respiration. Désespérée, elle n'a pas eu d'autre choix que d'obtempérer.
>
> À mesure que ses pensées désordonnées s'assagissaient, elle était capable de s'asseoir plus longtemps. Peu à peu, elle a même oublié la peur avec laquelle elle vivait, l'illusion que sa tête avait disparu. Puis, un jour, il s'est passé une chose extraordinaire. Enyadatta a soudain réalisé que sa tête était juste à sa place. Elle a bondi de son coussin, folle de joie. « Ma tête, ma tête ! » s'est-elle écriée. « Je l'ai trouvée. Elle est juste là où elle doit être. »

Enyadatta s'était rendu compte que rien ne manquait. Elle était parfaite, complète et entière. La joie folle qu'elle a éprouvée a été décrite comme la maladie du zen — l'extase d'avoir trouvé que rien n'a été perdu, que les portes du jardin d'Éden sont toujours ouvertes et qu'il suffit d'entrer.

Quand on ne veut pas aimer, il est facile de trouver toutes sortes d'excuses en faisant des reproches à

l'autre personne. Mais c'est seulement la peur de l'amour qui fausse notre perception. Une fois que l'on a commencé à s'aimer soi-même, il devient facile d'aimer quelqu'un d'autre, quel qu'il soit. Actuellement, cela peut sembler impossible. Certains assurent qu'ils ne peuvent pas franchir ce pas. En réalité, ils ne le veulent pas. Il y en a même qui se plaignent de ce que, dès qu'ils décident d'aimer, quelqu'un intervient et leur fait passer un mauvais moment.

ACCUEILLIR UN MAUVAIS MOMENT

Anthony, nouvel étudiant du zen, se plaignait qu'à la minute où il trouvait une relation, l'ancien petit ami de la femme faisait son apparition et essayait de la récupérer. La femme devenait folle en essayant de choisir et, immanquablement, Anthony perdait.

« Cela ne vaut pas la peine », disait-il, dégoûté. « L'amour ne m'apporte que de la malchance. Quelque chose ne va pas chez toutes ces femmes, et quelque chose ne va pas non plus chez moi. »

Mais les mauvais moments sont excellents. On peut les voir comme un progrès, comme une chance qui est donnée à la personne de se confronter à ce qui se passe entre elle et le fait d'être amoureux. Pendant ce moment, arrêtez-vous une minute et demandez-vous s'il est vraiment possible que quelque chose n'aille pas dans chaque situation et avec chaque personne que vous rencontrez. Rejouez-vous constamment le même scénario parce que vous résistez à votre vie ? Pouvez-vous accepter ce mauvais moment, tel qu'il est ? Pouvez-vous faire un pas de côté et apprécier exactement ce qui se passe ? Une fois que vous y parvenez, les choses changent.

Comment se fait-il qu'avec vous, aucune relation ne marche jamais ? Ces difficultés qui apparaissent dans votre quête de l'amour sont comme de petits films qui se déroulent d'eux-mêmes. Ne les prenez pas trop au sérieux. Ne restez pas bloqué dans la bobine. Laissez-les défiler et disparaître. Ne leur donnez pas de pouvoir sur vous.

LA VOIX DU SERPENT

Plus nous aimons, ou décidons d'aimer, plus il se passe de choses étranges. Le serpent arrive, murmure à votre oreille, et la peur se lève pour nous défier et nous égarer. La peur peut avoir une vie propre. Elle peut nous troubler, nous rabaisser ou nous faire tourner en rond, cherchant désespérément à fuir ce que nous désirons le plus. Mais plus nous courons loin, plus la peur resserre son étreinte.

Asseyez-vous ou tenez-vous debout tranquillement et regardez cette peur. Familiarisez-vous avec elle. La peur est un tyran. Dès que vous ne reculez pas devant elle, c'est elle qui se met à trembler et à s'éloigner. Dès qu'on la regarde en face, on voit que l'on a affaire à un imposteur. C'est notre croyance en la peur qui lui donne son pouvoir sur nous. Au lieu de croire à son pouvoir, pourquoi ne pas croire à celui de l'amour ? Choisissez celui auquel vous préférez croire.

Une autre façon de s'attaquer au serpent consiste à vous demander de quoi vous avez réellement peur. En regardant un peu plus profondément, nous voyons que la peur de l'amour n'est jamais vraiment la peur d'un autre. Nous avons peur de donner de nous-même, de nous ouvrir, de nous connaître et de nous accepter tel(le) que nous sommes. Pour aimer et être aimé(e) totalement, nous devons être prêt(e) à être avec un(e) autre exactement tel(le) que nous sommes.

Beaucoup découvrent que l'acte même de renoncer à tout prétexte les remplit d'amour et de joie. C'est un acte d'amour et d'acceptation de soi. C'est la base de toute relation. En agissant ainsi, pour votre plus grand plaisir, d'autres stress vont se dissoudre rapidement en même temps que la façade à laquelle vous vous étiez accroché(e), et la voix du serpent s'évanouira dans le néant d'où elle est venue. Nombreux sont ceux qui deviennent plus courageux, plus libres et plus créatifs. Des solutions et des perspectives étonnantes se font jour. Les autres semblent moins dangereux et moins distants. On se sent plus éveillé et plus digne d'être aimé.

Avec un peu de patience, ce n'est plus qu'une question de temps pour que la personne qui sait aimer émerge de l'intérieur. Elle sait découvrir la « bonne relation » et s'épanouir complètement en elle. C'est la personne qui se fait facilement des amis. N'est-il pas temps de la libérer ?

Lorsque cela se produit, vous pouvez tomber amoureux(se) de tout, les merveilleux couchers de soleil comme les jours de pluie. Vous n'avez pas à chercher l'amour puisque vous le vivez, jour après jour.

GOÛTER LES FRUITS DE LA PRATIQUE

Après avoir pratiqué pendant quelque temps, les étudiants sentent le fardeau de leur vie diminuer. Tout se passe plus facilement. Là où ils ne voyaient que des obstacles, ils trouvent maintenant que le chemin s'est éclairci. Beaucoup constatent aussi l'ouverture de leur vie amoureuse.

« À présent, quand je pense aux relations, a dit une étudiante, j'éprouve une impression d'aventure, que je réussisse ou que j'échoue. Ce qui doit arriver, arrive. Quoi que ce soit, je l'apprécierai. »

La sensation que l'étudiante a d'elle-même, de sa valeur et de la beauté n'est pas remise en jeu dans chaque relation qu'elle entreprend. Elle sait qui elle est et se trouve en paix. Elle connaît aussi la personne qui apparaît devant elle.

« Beaucoup de monde s'est approché de moi avec des propositions et des rendez-vous, a raconté une autre étudiante. Je ne peux que penser que le monde est rempli de possibilités. Je ne cherche pas l'amour, c'est lui qui me cherche. »

Lorsque l'on déborde d'une certaine énergie et de vibrations, on attire la même chose sur notre chemin. Lorsque l'on est ouvert et prêt à jouir de la grande aventure de toute vie, la vie s'ouvre aussi à nous. Les portes qui étaient fermées de l'intérieur sont maintenant ouvertes, c'est pourquoi les portes de l'extérieur s'ouvrent aussi. Lorsque les portes d'un individu sont grandes ouvertes, il se retrouve amoureux en permanence.

Dans l'entraînement du zen, lorsque l'étudiant(e) trouve le bœuf, cela signifie qu'il ou elle trouve son être véritable, l'objet réel de la recherche de toute une vie. C'est ce que l'on appelle l'illumination, le fait d'avoir atteint la joie et le but de la vie, de s'éveiller en sortant du rêve du vide et de la séparation. C'est ce que poursuivent la plupart d'entre nous dans leur recherche de l'âme sœur.

Une fois que l'on a trouvé le bœuf, atteint le centre de son être, ôté tout ce qui était faux, on atteint le cœur de sa capacité d'aimer. Nous pouvons maintenant nous présenter sur le marché avec des « mains secourables ». Ce sont des mains ouvertes, réellement capables de donner et de recevoir l'amour. Ce ne sont pas des mains qui saisissent, s'accrochent, déforment ou possèdent, mais des mains souples, flexibles et porteuses de nourriture. Ces mains et ce cœur sont nécessaires pour vivre une vie d'amour.

Kabir dit : « Fantastique, ne laissez pas passer une chance pareille ! »

les étapes de l'amour : trouver l'amour que vous cherchez

1. CHERCHER LE BŒUF

Quel est le bœuf que vous cherchez ? Où croyez-vous que l'on puisse le trouver ? Cherchez-vous à l'est ou à l'ouest ? Qu'est-ce qui a pris place dans votre recherche ? Quand l'avez-vous trouvé ? Quand l'avez-vous perdu ? Prenez le temps de répondre à ces questions. Commencez à voir quelle recherche a animé votre vie.

2. LES YEUX DU BIEN ET DU MAL

Que regardez-vous avec les yeux du bien et du mal ? Que trouvez-vous de fondamentalement dangereux dans l'amour ? Prenez le temps d'y réfléchir. Pendant un bref instant, regardez-le avec les yeux de l'amour. Voyez sa beauté, sa perfection en elles-mêmes. Cessez de le condamner. En quoi cela vous affecte-t-il ?

3. LA VOIX DU SERPENT

Que vous dit la voix du serpent sur vous-même, l'amour et les relations ? Quelles sortes de mensonges, de peurs et de faux rapports alimentent quotidiennement votre esprit au point que vous y adhérez ? (Cet exercice est extrêmement puissant et donne beaucoup de force.) Tout ce que nous assimilons inconsciemment a un grand pouvoir pour orienter nos vies. Prenez conscience des peurs, des pensées, des fantasmes et des croyances qui vous dirigent et sont fondamentalement des mensonges destructeurs. Quand ils se manifestent, dites-vous que ce n'est que la voix du serpent qui vous parle. Dès que vous ne croirez plus en eux, ils disparaîtront en fumée.

4. LA VOIE DIRECTE VERS L'AMOUR

Renoncez au reproche, au jugement et à la condamnation de chaque personne que vous rencontrez. Nous sommes accros à cette activité ; soyez en manque. Rendez-vous compte à quel point elle dirige votre vie et à chaque fois qu'elle refait surface, remplacez-la par une pensée d'amour. Trouvez quelque chose de positif. Trouvez quelque chose de beau. Changez l'obscurité en lumière. Regardez-vous comme si vous vous voyiez avec les yeux de quelqu'un qui vous a aimé(e). Continuez à vous voir et à voir les autres ainsi toute la journée.

5. LA PARFAITE PERSONNE

Aujourd'hui, soyez réellement avec celui ou celle qui croise votre chemin. Prenez le temps de voir qui il (elle) est. Ayez conscience que chacun est parfait en lui-même. (Plus vous voyez la perfection chez les autres, plus vous la verrez en vous.) Ouvrez votre cœur aux autres aujourd'hui, sans réserve. Rendez-vous compte qu'il n'y a rien à craindre.

6. TROUVER LE BŒUF

Où est votre bœuf (l'être aimé) aujourd'hui ? Où s'était-il caché ? Qu'est-ce qui vous a fait croire que vous ne pourriez pas le trouver, au moins pendant longtemps ? Liez-vous d'amitié avec le bœuf. Saluez-le chaleureusement. Accueillez-le de tout votre cœur dans votre vie.

> Des centaines de fleurs : le printemps arrive.
> Pour qui s'épanouissent-elles ?
>
> ZENRIN LEWIS,
> *The Book of the Zen Grove*

remerciements

J'AIMERAIS REMERCIER MON AGENT, Noah Lukeman, pour l'aide et le soutien indéfectible qu'il m'a apportés, et dont la lumière éclaire tout ce que je fais. Je tiens également à saluer mon excellent éditeur, Amanda Murray, pour son intérêt enthousiaste, ainsi que mon merveilleux frère Danny, qui a écouté patiemment mes interminables histoires sur l'amour, pour son étonnante endurance.

J'exprime ma gratitude envers les superbes années de formation du zen prodiguées par Soen Roshi et Eido Roshi, et envers le rabbin Joseph Gelberman, dont la vie entière est dédiée à l'amour.

Je remercie également ma famille et mes amis proches qui m'ont donné tout leur amour, notamment Gerry, Leah, Melissa, Abram, Joshua, Yana, Adam, Taisan, et Jeff Azbell Yoshi Amakawa, Jacques Van Engel, Fran Perillo, Carolyn Stark et Stuart Schwartz.